SAMRA KLJAJIC

SELFIE MIT DEM SONNEN KÖNIG

Geschichten aus dem Leben der größten Influencer der Geschichte

dtv

Originalausgabe 2024
© 2024 dtv Verlagsgesellschaft mbH & Co. KG, München,
Lektorat: Judith Neunhäuserer
Umschlaggestaltung: FAVORITBUERO, München
Umschlagmotive: Bridgeman Images (Dürer, Elizabeth I. und
Louis XIV.); Look and Learn / Valerie Jackson Harris Collection /
Bridgeman Images (Napoleon); Christie's Images / Bridgeman Images
(Queen Victoria); Josse / Bridgeman Images (Marie Antoinette)
Autorenfotos: privat
Satz: Fotosatz Amann, Memmingen
Gesetzt aus der Minion Pro
Druck und Bindung: C.H.Beck, Nördlingen
Printed in Germany · ISBN 978-3-423-35230-7

INHALT

VORWORT 11

Kapitel 1
DIE GEBURT DES SELFIES 15
Spieglein, Spieglein an der Wand 17 # Pioniere des Selfies 21

Kapitel 2
DRAMA EINER DYNASTIE 28
Das makellose Image des letzten Ritters 30 # Verkupplungen als Erfolgsrezept 33 # Die spanische Linie der Habsburger und ihre Machenschaften 37 # Mächtiges Blaues Blut 48 # Heirat als Familienangelegenheit 51 # Die österreichischen Habsburger und die Fortsetzung der Saga 54

Kapitel 3
DIE SCHOKOLADENSEITE DER KÖNIGIN 60
Ehen, Erbinnen und endlose Anstrengungen für einen Thronfolger 62 # Personelle Rochaden am Thron 67 # Eine Frau soll König sein 69 # Die Community der »Elisabethaner« 74 # Mutter der Nation 79 # Der Kampf um ewige Jugend und Schönheit 85

Kapitel 4
SELFIE MIT DEM SONNENKÖNIG   90
Geboren, um ein König zu sein 91 # Die Sonne geht
auf 95 # Das Sonnensystem 98 # Ein Leben unter der
Sonne 102 # Ein Tag im Leben des Sonnenkönigs 107
Die Sonne geht unter 111

Kapitel 5
DIE MODEREVOLUTION VON OBEN 115
Vom Mauerblümchen zur Prinzessin 116 # Das
Styling-Team 119 # Sie hat die Haare schön 121
Fashion Victim 125 # Neue Konsumgewohnheiten,
andere Trends 134 # Fast Fashion 136 # Eine Mätresse
regiert die Mode 140 # Die Königin in Unterwäsche 144
Noch ein Skandal im Königinnenhaus 147

Kapitel 6
KAISER DER FAKE NEWS   150
Der Stein kommt ins Rollen 153 # Medienmacht und
Imagekontrolle 162 # Die Marketingstrategie des
Selfmade-Kaiser 164 # Kleiner Mann ganz groß 171
Alles hat ein Ende, nur Napoleon hat zwei 176

Kapitel 7
**TESTIMONIAL EINER ZEIT
IM WANDEL   181**
Kindheit einer zukünftigen Regentin 184 # Königin
eines Zeitalters 186 # Das erste Influencer-Event
der Geschichte 192 # Licht und Schatten im Viktorianischen Zeitalter 196 # Lang lebe die Königin und
groß werde ihr Reich! 203

Kapitel 8
EINE NEUE ÄRA (DER REICHWEITE) BRICHT AN 206

Die Vernetzung der Welt **207** # Eine kaiserliche Kooperation **212** # Die bürgerliche Influencerin **216** # Unser Geltungskonsum **224**

SCHLUSSWORT 227

DANKSAGUNG 229

BILDNACHWEISE 230

LITERATURVERZEICHNIS / QUELLENNACHWEISE 232

ANMERKUNGEN 238

Dieses Buch widme ich meinen Eltern.

VORWORT

In einer Welt, in der das Internet die Art und Weise, wie wir Informationen teilen, miteinander kommunizieren und uns selbst präsentieren, revolutioniert hat, sind Influencer zu neuen Celebritys geworden. Doch der Einfluss von Influencer*innen ist keine Erscheinung des 21. Jahrhunderts allein. Ein Blick in die Vergangenheit zeigt, dass Selbstdarstellung, das Vorleben eines bestimmten Lebensstils, Schönheits- und Modetrends, Fake News, Cancel Culture, Facetune und ähnliche Phänomene keineswegs auf das Zeitalter der Digitalisierung beschränkt sind. Sie sind vielmehr zeitübergreifende Begleiter der menschlichen Gesellschaft, die sich im Laufe der Jahrhunderte angepasst haben, wobei sich lediglich die Mittel zum Zweck verändert haben. Es gab eine Zeit, lange bevor Instagram, TikTok und YouTube die Bildschirme unserer Welt eroberten, als das Konzept eines »Influencers« auf eine völlig andere Art und Weise existierte. Auch diesen einflussreichen Persönlichkeiten gelang es, die Ströme der Geschichte zu lenken.

Also, wo setzen wir den Anfang? Wer waren die ersten Influencer*innen der Geschichte? Papst Franziskus sorgte 2019 mit einem Beitrag auf X (vormals Twitter) für Diskussionen. Er bezeichnete die Jungfrau Maria als »die erste Influencerin: die Influencerin Gottes«[1]. Übersetzt man den Begriff »Influencerin« wörtlich, dann hat er gar nicht mal so unrecht, aber die erste war sie bestimmt nicht. Die Entstehung ist wohl noch viel älter, denn einflussreiche Personen gab es seit Beginn der Menschheit. Sie sind grundlegender Bestandteil von gesellschaftlicher Entwicklung im Guten wie im Schlechten.

Ich möchte den Ausgangspunkt bei der Entstehung des wohl bekanntesten Bildphänomens unserer digitalen Gegenwart legen – dem »Selfie«. Stell dir vor, wie erleuchtend es gewesen sein muss, sich selbst zum ersten Mal in direkter Gegenüberstellung zu sehen. Man wurde unwillkürlich mit sich selbst konfrontiert, mit der eigenen Existenz und Vergänglichkeit. Gemäldegalerien waren die ersten Instagram-Feeds, Flugblätter die ersten Posts, vorgetragene Gedichte die ersten Podcasts. Ab dem 15. Jahrhundert lassen sich die wahren Anfänge einer Voraussetzung erkennen, ohne die Social Media heute nicht funktionieren würde: der Konsum. Die Nachfrage nach und der Konsum von Wissen sorgten für ein schnelles Wachstum des Angebots.

Vom ersten Selfie ausgehend, werden wir in diesem Buch in das Leben ausgewählter Influencer*innen jedes Jahrhunderts eintauchen, wobei mein Fokus ganz bewusst auf dem europäischen Kulturraum liegt. Wir beginnen mit der Selbstdarstellung im 15. Jahrhundert und beenden unsere Reise mit den flimmernden Fernsehbildschirmen des 20. Jahrhunderts. Die Persönlichkeiten hast du bestimmt schon im Geschichtsunterricht kennengelernt, aber ich möchte sie dir von einer anderen Seite zeigen. Sie waren keine digitalen Figuren, sie kannten keine Likes und keine Hashtags. Dennoch beherrschten sie die Kunst der Beeinflussung und Selbstinszenierung genauso meisterhaft wie ihre modernen Nachfahren. Ihre Familiengeschichten sind unterhaltsamer als jede noch so gute Reality-Show. Sie zeigten sich stets von ihrer Schokoladenseite und wussten genau, wie sie neue Follower*innen anziehen und ihre Community bei Laune halten konnten. Wir werden Zeugen von Fake-Profilen eines Kaisers und einem Shitstorm gegen eine Königin, von skurrilen Hobbys, noch skurrileren Beziehungen, Machtspielchen und bahnbrechenden Ideen, die die Welt verändert haben. Die Influencer*innen der Geschichte haben auf ihre eigene Weise die Massen bewegt und Geschichte geschrieben.

Kapitel 1

DIE GEBURT DES SELFIES

Hast du heute schon in den Spiegel geschaut? Da ich annehme, dass du dieses Buch nicht unmittelbar nach dem Aufwachen aufgeschlagen hast, kann ich mit ziemlicher Sicherheit behaupten, dass du bis jetzt mindestens einmal – bewusst oder unbewusst – dein Spiegelbild gesehen hast.

Der Wunsch des Menschen, sich selbst zu betrachten, ist vermutlich so alt wie die Menschheit selbst. Die erste Möglichkeit, sich selbst zu sehen, war in einer Pfütze oder einem stillen Teich. Eine mit Wasser befüllte Schüssel ergab sogar einen Spiegel zum Mitnehmen.

In der griechischen Mythologie gibt es eine Erzählung über einen jungen, gut aussehenden Mann namens Narziss, der in einen Teich blickte, in dem er die Reflexion seines Gesichtes sah und sich augenblicklich in sich selbst verliebte. Er versuchte immer wieder, sein Spiegelbild zu berühren, um das Objekt seiner Liebe zu ergreifen, doch jedes Mal verschwand es, sobald er danach griff. In seiner Verzweiflung fiel er schließlich in den Teich und ertrank. Die Geschichte von Narziss war und ist eine Warnung über die Gefahren von Selbstverliebtheit und Eitelkeit.

Die ersten von menschlicher Hand hergestellten Spiegel wurden aus Obsidian angefertigt, einem vulkanischen Gesteinsglas, das in verschiedenen Kulturen für Werkzeuge, Waffen und Schmuck, aber eben auch als eine Art Spiegel Verwendung fand. Es wurde so lange poliert, bis die Fläche ein einigermaßen scharfes Bild reflektieren konnte. Solche Spiegel wurden bei Ausgrabungen in der ersten bekannten Großsiedlung der Geschichte, Çatalhöyük, in der heutigen Türkei gefunden. Mindestens 7500 Jahre sind diese ersten polierten Obsidian-Spiegel alt. Mehrere Tausend Jahre später kannte man Metallspiegel nahezu überall auf der Welt. Zuerst wurden sie aus Kupfer, später auch aus Bronze und Silber hergestellt. Sie mussten allerdings ausgesprochen glatt poliert sein, um ein einigermaßen erkennbares Bild reflektieren zu können. Diese Spiegel waren äußerst kostbar und purer Luxus. Der Blick in den Spiegel und die Kenntnis des eigenen Aussehens blieb für lange Zeit einem privilegierten wohlhabenden Kreis vorbehalten. Ein schärferes Bild ermöglichte der konvexe Glasspiegel, eine venezianische Erfindung aus dem frühen 14. Jahrhundert. Ein Luxusgut sondergleichen. Fand man im 14. Jahrhundert quer durch Europa nur Einzelstücke vor, verbesserte sich ab dem 15. Jahrhundert nicht nur die Qualität der Spiegel, sondern auch ihre Verfügbarkeit. Sie waren nun auch erschwinglicher, neben dem Hochadel zumindest auch für wohlhabende Kaufleute.

SPIEGLEIN, SPIEGLEIN AN DER WAND

Stell dir vor, du stehst zum ersten Mal vor einem Spiegel. Zum ersten Mal siehst du ein klares, scharfes Bild deiner selbst. Du verbringst Stunden damit, deine Reflexion zu betrachten, jedes Detail deines Gesichts zu erforschen – von den Sommersprossen über die feinen Härchen bis hin zu den zarten Fältchen. Im Laufe der Zeit beginnst du, über dein äußeres Erscheinungsbild nachzudenken. Du blickst tiefer und setzt dich mit dem Menschen hinter der Reflexion auseinander. Bist du traurig? Siehst du müde aus? Du beginnst, dir über dein Sein Gedanken zu machen und deine Gefühle zu benennen. Du beschäftigst dich intensiv mit deinen Gedanken und Emotionen. Vielleicht schreibst du deine Gedanken nieder. Die Begegnung mit deinem Spiegelbild hat zu einer tiefen Selbstreflexion geführt und dir geholfen, dich als individuelles Wesen besser zu verstehen. Du strebst danach, dich weiterzuentwickeln, dich zu bilden und deine Potenziale zu entfalten. Du beginnst zu denken wie ein Humanist.

Der Humanismus war nicht die Folge eines langen Blicks in den Spiegel, genauso wenig wie der Spiegel eine Erfindung des Humanismus war. Der Spiegel war vielmehr ein Werkzeug, um die Idee der Selbstreflexion und persönlichen Entwicklung voranzutreiben, die den Kern des humanistischen Denkens bildete. Ich habe den Spiegel als Metapher verwendet, um das Mindset eines »uomo universale« (it.: Universalmensch) zu verdeutlichen.

Francesco Petrarca (1304–1374), ein italienischer Dichter und Schriftsteller, wird oft als Vorreiter des Humanismus betrachtet. Im Zentrum dieses Denkens stand das Ideal des Universalmenschen. Er beobachtet, hinterfragt, versucht, seine Umgebung zu verstehen, und zieht Schlüsse aus seinen Beobachtungen. Der Humanismus repräsentierte nicht nur eine intellektuelle Bewegung, sondern auch eine Lebenseinstellung, ein Mindset, wie bereits erwähnt. Vertreter des Humanismus grenzten sich bewusst von anderen Denkweisen ab, insbesondere von der mittelalterlichen Scholastik, die wenig Raum für Interpretation oder Kritik ließ. Im Gegensatz zur starren und dogmatischen Scholastik war der Humanismus geprägt von einem offenen Denken und einem Streben nach Erkenntnis. Francesco Petrarca war einer der Ersten, der eine Art Schmutzkampagne gegen das Mittelalter führte. Er gab dem »Mittelalter« seinen Namen, bezeichnete es als eine Zeit der Dunkelheit, die zwischen der strahlenden Antike und einer neuen, wiedererleuchteten Epoche der Menschheitsgeschichte lag, die später auf den Namen »Neuzeit« getauft wurde. In gewisser Weise vermarktete Petrarca ein weiterentwickeltes Produkt, das einer neu angebrochenen Epoche, als »neue Zeit«, die besonders fortschrittlich und innovativ, während das bisher Bekannte rückständig dargestellt wurde. Die mittelalterliche Vorstellung eines Menschen basierte auf Gehorsam und einem Leben nach Gottes Wort. Der »mittelalterliche Mensch«, wenn man so will, sah seine Identität nur im Verhältnis zu einer Gruppe, es herrschte ein gemeinschaftliches Bewusstsein. Im Gegensatz dazu löste sich der Universalmensch aus dem Kollektiv, er stellte sich selbst in den Mittelpunkt und definierte seine Individualität.

Die Wiederentdeckung klassischer Texte aus der Antike, insbesondere der Werke von Cicero, Platon und Aristoteles, führte ab dem 14. Jahrhundert zu einer Entwicklung der »neuen« Geisteswissenschaften. Ein breites Spektrum von Fächern wie Philosophie, Geschichte, Literatur und Rhetorik wurde an den neu gegründeten humanistischen Schulen und Universitäten, die nun nicht mehr ausschließlich unter dem Schirm der Kirche und des Klerus standen, gelehrt. Die klassischen Sprachen Griechisch und Latein wurden studiert, um antike Schriften direkt in ihrer Urform zu lesen und zu erforschen. Der Ansatz der Humanisten war, dass sie von Gott mit Verstand und Fähigkeiten ausgestattet worden waren und ihre Kapazitäten vollumfänglich ausschöpfen sollten. Sie lehnten die Religion nicht ab, ganz im Gegenteil. Sie stellten den Menschen als perfektes Geschöpf Gottes in den Mittelpunkt. Nach der Eroberung Konstantinopels durch die Osmanen im Jahr 1453 kam eine neue Welle antiker Texte nach Italien. Zahlreiche Gelehrte, Mönche und Intellektuelle aus Konstantinopel flohen in Richtung Italien und nahmen dabei wertvolle antike Manuskripte, Bücher und Schriften mit. In Städten wie Florenz und Venedig wurden diese antiken Texte gesammelt, übersetzt und studiert. Von dort aus verbreiteten sie sich über weite Teile Europas. Immer mehr Menschen setzten sich intensiv mit den Werken antiker Philosophen und Gelehrten auseinander. Diese Begeisterung führte zu einer beinahe exzessiven Sammlung, Replikation und Verbreitung von Quellen sowie zur Verfassung neuer Texte, die stark von den Werken antiker Philosophen beeinflusst waren. Der Buchdruck erleichterte zwar die rasche Verbreitung von Wissen, allerdings war der Zugang zu diesen wissenschaftlichen Werken vorerst nur jenen vorbehalten, die die Texte auch lesen konnten.

Der Humanismus bildete einen idealen Nährboden für den wissenschaftlichen Fortschritt. Ein Beispiel für die Verschmelzung von Wissenschaft und Kunst ist Leonardo da Vinci, ein Allround-Talent seiner Zeit. Er führte detaillierte Studien zur menschlichen Anatomie durch, entwarf aber auch Flugmaschinen (mit den Entwürfen wusste man allerdings recht wenig anzufangen). In dieser Zeit waren der Kreativität keine Grenzen gesetzt. Man beschränkte sich nicht nur auf die Zweckmäßigkeit einer Erfindung, sondern forschte aus dem reinen Willen zu forschen heraus.

Die Kunst der Renaissance konzentrierte sich ganz auf die Darstellung menschlicher Schönheit und Perfektion, wobei die antiken Ideale als Vorbild galten. Die Künstler*innen studierten Anatomie und Proportionen bis ins kleinste Detail und perfektionierten neue Techniken der Perspektive. So entstanden Gemälde und Skulpturen, die eine beinahe fotorealistische Darstellung erreichten. Tatsächlich können Leonardo da Vinci, Botticelli, Michelangelo, Raphael und Tizian als die einflussreichsten »Influencer« ihrer Zeit angesehen werden, da sie die Grenzen der künstlerischen Darstellung erweitert und maßgeblich geprägt haben. Nicht weniger bedeutend war der Einfluss von Giorgio Vasari, dem wohl ersten Kunsthistoriker der Geschichte. 1550 veröffentlichte er »Die Leben der hervorragendsten Maler, Bildhauer und

Architekten« (»Le Vite« im italienischen Original). Der Titel ist selbsterklärend, es handelt sich um eine Sammlung von Biografien namhafter Künstler und exakt einer Künstlerin, Properzia de' Rossi. In diesem Werk verwendete Vasari erstmals das Wort »rinascita«, was auf Italienisch »Wiedergeburt« bedeutet. Damit beschrieb er seine Beobachtungen über das lebhafte künstlerische Schaffen und die Rückbesinnung auf die antiken griechischen und römischen Lehren in seiner eigenen Gegenwart. Erst im 19. Jahrhundert etablierte sich die französische Form »Renaissance« als Bezeichnung für diese Kunstepoche, die den Übergang vom Mittelalter zur Neuzeit bedeutete.

PIONIERE DES SELFIES

Nachdem der sich seiner Individualität und Fähigkeiten bewusste Universalmensch ins Zentrum gerückt war, entstand in ihm der Wunsch, sich angemessen zu würdigen und auch gewürdigt zu werden. Heutzutage greifen wir oft zum Handy oder zur Kamera und machen ein Selfie. Im 15. Jahrhundert hingegen malte man ein Selbstporträt. An dieser Stelle muss ich dem Spiegel wieder eine besondere Bedeutung beimessen, denn ohne dieses äußerst wichtige Werkzeug wäre ein Selbstporträt nicht möglich gewesen. Das erste Selfie dürfte der flämisch-niederländische Maler Jan van Eyck im Jahr 1433 gemalt haben.

Das Porträt eines Mannes mit Turban ist das erste bekannte Selbstporträt, in dem der Künstler sich selbst zum Subjekt machte und somit in den Mittelpunkt rückt. Besonders bemerkenswert ist auch der konfrontative

Blick. In Kombination mit der Inschrift auf dem Rahmen bestätigt sich die Annahme, dass Jan van Eyck hier nicht nur sich als Individuum porträtierte, sondern auch seine Fähigkeiten als Maler demonstrieren wollte. Das soll nicht bedeuten, dass er diese Inszenierung nötig gehabt hätte, er galt bereits zu diesem Zeitpunkt als einer der besten Maler seiner Zeit.

Porträt des Mannes mit dem Turban

Die Inschrift auf dem Rahmen lautet: »So, wie ich kann.« Diese Botschaft kann als Ausdruck seiner Selbstsicherheit und seines Bewusstseins für seine außergewöhnlichen Fertigkeiten interpretiert werden. Es wirkt fast so, als wollte er eine Herausforderung an andere Künstler*innen aussprechen: »Lass' mal sehen, ob du es so hinbekommst wie ich!«

»Challenge accepted«, dürfte sich Albrecht Dürer in Nürnberg gedacht haben. Er gilt allgemein als Begründer des Genres der Selbstporträts. Bereits im Alter von 13 Jahren zeichnete er sich selbst und im Laufe seines Lebens folgten zahlreiche weitere Selbstbildnisse, darunter das wohl bekannteste: Albrecht Dürers »Selbstbildnis im Pelzrock«.

Darin vergleicht er sich scheinbar mit Jesus Christus oder besser gesagt, mit der damaligen Vorstellung davon, wie Jesus Christus dargestellt werden sollte. Dieses Werk weist einige bemerkenswerte Ähnlichkeiten mit Leonardo da Vincis Gemälde »Salvator Mundi« auf, welches als das teuerste, jemals verkaufte Gemälde gilt. Interessanterweise entstand Dürers Selbstporträt etwa zur selben Zeit wie das Gemälde von Leonardo da Vinci. Diese zeitliche Nähe ist ein eindeutiges Indiz dafür, dass ein reger Austausch und eine wechselseitige Einflussnahme in der Kunstszene stattfanden. Dürer unternahm mehrere Reisen, darunter auch nach Italien, wo er mit bedeutenden Künstler*innen und Gelehrten der Renaissance in Kontakt kam. Diese Begegnungen förderten den Austausch von Ideen und Albrecht Dürer wurde zu einem gefragten Künstler, weit über die Grenzen seiner Heimat Deutschland hinaus. Dürer pflegte eine bewusste Selbstdarstellung und geschickte Markenbildung, die ihn neben seinem herausragenden künstlerischen Talent bekannt machten. In vielen Werken platzierte er sein Monogramm »AD« als eine Art Signatur, vergleichbar mit dem heutigen Copyright. Dadurch konnten die Kunstwerke eindeutig als seine eigenen identifiziert werden.

Im von van Eyck und Dürer initiierten Genre stach Rembrandt van Rijn heraus. Der niederländische Maler und Vertreter der barocken Kunst des 17. Jahrhunderts machte sich das Konzept des Selbstporträts wirklich zu eigen. Über achtzig Mal zeichnete er sich selbst in verschiedenen Phasen seines Lebens. Im Laufe seiner Karriere erlebte Rembrandt van Rijn extreme Höhen und Tiefen, von enormer Popularität bis hin zum Bankrott und dem tragischen Verlust seiner Frau und Kinder. In den Selbstporträts spiegelte er seine tiefen Emotionen wider, die Gesten und Gesichtsausdrücke beschreiben seine Gefühlslagen. In einer Darstellung presst er seine Lippen zusammen, als würde er einen Kuss geben oder pfeifen wollen. Heute wird diese Zeichnung gerne als das erste »Duck-Face« in der Geschichte bezeichnet.

Selbstporträts waren nicht nur eine persönliche Ausdrucksform, sondern auch ein Mittel, um das künstlerische Talent und Können zu zeigen. In einer Zeit, in der die Konkurrenz zwischen den Künstlern immer größer wurde, wollten sie sich auf diese Weise von anderen abheben und ihre Fähigkeiten unter Beweis stellen. Last but not least waren sie auch eine wichtige Einnahmequelle.

Besonders interessant wird es, wenn man die Selbstporträts von Frauen betrachtet. Das erste bekannte Selbst-

Selbstbildnis im Pelzrock

bildnis einer Künstlerin entstand 1548, also nach Dürer und vor Rembrandt. Es zeigt die belgische Künstlerin Catharina van Hemmesen an einer Staffelei. Die Italienerin Sofonisba Anguissola verewigte sich 1556 in einer ähnlichen Darstellung, während sie an einem Bild malte.

Die Niederländerin Judith Leyster tat dasselbe im Jahr 1630. Im Gegensatz zu männlichen Künstlern, die sich oft frontal oder im Profil porträtierten, stellten sich die Künstlerinnen immer in einer Szene des Schaffens dar, als wollten oder müssten sie dies betonen. Ein weiteres Beispiel ist das Selbstporträt von Lavinia Fontana aus dem Jahr 1579, in dem sie sich in ihrem Studio mit einem Stift in der Hand vor einem Blatt Papier zeigt. Interessanterweise waren alle diese Künstlerinnen zu dem Zeitpunkt ihrer Selbstporträts in ihren frühen Zwanzigern. Eine mögliche Erklärung dafür könnte sein, dass die Selbstporträts vor ihrer Heirat entstanden. Danach wurde von Malerinnen üblicherweise erwartet, dass sie ihre künstlerische Karriere zugunsten der Familienplanung aufgaben.

Jan van Eyck und Albrecht Dürer leiteten einen bedeutenden Trend in der Kunstgeschichte ein, der zu einer langen Tradition von Künstler*innen führte, die sich selbst in ihren Werken abbildeten.

Doch was, wenn man nicht malen konnte, aber den Wunsch hatte, ein Selbstporträt zu besitzen? Ab dem 15. Jahrhundert wuchs die allgemeine Nachfrage nach Porträts. Gemälde waren zuvor hauptsächlich von religiösen Darstellungen dominiert. Auch der Hochadel ließ sich porträtieren, in den meisten Fällen allerdings, um die Dynastie zu dokumentieren. Nun begannen auch wohlhabende Kaufleute, sich verewigen zu lassen. Damals konnten sie jedoch nicht ahnen, dass ihre Porträts Hunderte von Jahren später in Museen hängen würden. Der Besitz eines Porträts war Luxus, ein teurer Spaß, den man sich entweder leisten konnte oder wofür es sich zu sparen lohnte. Mit zunehmendem Wohlstand gewann die Porträtmalerei immer mehr an Bedeutung. Gleichzeitig wurden die Darstellungen immer realistischer und detaillierter. Das Selfie-Gemälde spiegelt die gesellschaftlichen Veränderungen wider. Es wurde zu einem Symbol für Reichtum und Prestige und einer Möglichkeit der Selbstdarstellung, die sich im Laufe der Zeit immer mehr zur Inszenierung wandelte.

Kapitel 2

DRAMA EINER DYNASTIE

Die Habsburger sind zweifellos eine der bemerkenswertesten Dynastien in der Geschichte. Über einen Zeitraum von mehr als 600 Jahren herrschten sie über bedeutende Teile Europas und übten einen entscheidenden Einfluss auf weite Teile der Welt aus. Ihr Reich war das erste, in dem die Sonne niemals unterging. Durch geschicktes Marketing und strategische Verkupplungen gelang es den Habsburgern, an die Spitze der Weltmacht aufzusteigen. Sie verstanden es, ihr Image als heroische Gestalten der Weltgeschichte zu formen und damit ihre Stellung zu festigen.

Der Ursprung der Habsburger findet sich in der Burg Habsburg, welche in den 1020er-Jahren im heutigen Gebiet der Schweiz errichtet wurde. Das Adelsgeschlecht schaffte es im Laufe der Zeit, seine machtpolitische Position zu stärken, bis schließlich Rudolf I. von Habsburg im Jahr 1273 die Kontrolle über das Herzogtum Österreich übernahm, das zu dieser Zeit Teil des Heiligen Römischen Reiches war. Ein anderer Rudolf, Rudolf IV., fühlte sich 1356 von seinem Schwiegervater, Kaiser Karl IV., hintergangen. Der hatte die Habsburger aus der

»Goldenen Bulle« ausgeschlossen. Die »Goldene Bulle« war quasi die Verfassung des Heiligen Römischen Reiches und sollte die Wahl und Krönung römisch-deutscher Kaiser regeln. Da die Habsburger nun nicht mehr zu der »Elite« der Kurfürsten gehörten, durften sie weder einen Kaiser zur Wahl stellen noch an der Wahl teilnehmen. Als Reaktion darauf ließ Rudolf IV. fünf Urkunden anfertigen, die allesamt auf falschen Tatsachen beruhten. Das »Privilegium Maius« (lat: großer Freiheitsbrief) sollte die privilegierte Position der österreichischen Adelsfamilie gegenüber anderen Adelsfamilien und ihre Vorrechte innerhalb des Heiligen Römischen Reiches belegen. Die Urkunden waren aber gefälscht und beruhten auf absoluten Fake News. Etwa hundert Jahre später beglaubigte der Habsburger Friedrich III. das »Privilegium Maius«, nachdem es ihm gelungen war, die Kurfürsten zu bestechen und 1452 zum Kaiser ernannt und vom Papst in Rom gekrönt zu werden. Somit wurden gefälschte Dokumente zur Grundlage der Habsburger Herrschaft, die sich stets mit ihren vermeintlichen Sonderrechten rühmten. In den folgenden 350 Jahren blieb das Reich fest in den Händen der Habsburger. Kaiser Friedrich III. hinterließ seinem Sohn Maximilian I. eine ziemlich gute Ausgangslage und eine ziemlich große Adlernase.

DAS MAKELLOSE IMAGE
DES LETZTEN RITTERS

Maximilian I. (1459–1519) kann durchaus als Marketing-Manager seiner Dynastie bezeichnet werden. Seine PR-Maßnahmen spielten eine entscheidende Rolle bei der Etablierung der Habsburger als Weltmacht. Ein Großteil seines Lebens verbrachte er auf Reisen, durchquerte sein Reich und suchte aktiv die Nähe zum Volk. Wenn er nicht persönlich anwesend sein konnte, musste seine Präsenz durch sein Bild ersetzt werden. Er lebte während der spannenden Kunstepoche der Renaissance, die unendliche Möglichkeiten der Selbstdarstellung hervorgebracht hatte. Es entstanden zahlreiche Porträts von Maximilian, die von renommierten Künstlern wie Albrecht Dürer angefertigt wurden. Neben klassischen Darstellungen auf Gemälden machte Maximilian von neuartigen Druckmethoden wie Kupferstich und Holzschnitt Gebrauch. Dadurch war es möglich, graphische Drucke in tausendfacher Ausführung anzufertigen und an eine breite Masse zu verteilen. Besonders beeindruckend sind die Holzschnitte Der »Triumphzug« und die »Ehrenpforte«. Sie stellen die Errungenschaften der Habsburger dar und inszenieren die kaiserliche Würde Maximilians. Aber vor allem zeugen sie von überragender künstlerischer Leistung, unter anderem von Albrecht Dürer, Albrecht Altdorfer und Hans Burgkmair gefertigt.

Zusätzlich ließ Maximilian Münzen mit seinem Profil prägen, sodass praktisch jeder seiner Untertanen wusste, wie der Kaiser aussah. Seine markante Nase wurde dabei

Kaiser Maximilian I.

zu einem prägnanten Merkmal, dem Maximilian besondere Bedeutung zuschrieb. Er ließ sie sogar noch größer darstellen, um einer mittelalterlichen Prophezeiung zu entsprechen, nach welcher der »letzte Kaiser« den Antichristen besiegen und eine göttliche Herrschaft einleiten sollte. Die Prophezeiung beschrieb den »letzten Kaiser« als eine Person mit hoher Stirn, weiten Augen und einer »Adlernase«. Maximilian konnte sich mit dieser Rolle recht gut identifizieren.

Er wollte seine Abstammung von Propheten des Alten Testaments, von Heiligen, Päpsten und so gut wie allen europäischen Königsfamilien belegen. Darüber hinaus versuchte er zu beweisen, dass die Habsburger von den Alten Ägyptern abstammten und ihr Ursprung unter anderem auch in Troja lag. Sein Ziel war es zudem, seine Herrschaft als von Gott bestimmt zu behaupten und dadurch seine Machtansprüche zu legitimieren. Maximilian war also ein geschickter Selbstdarsteller und wusste die Kunst und Literatur gekonnt für seine Propaganda einzusetzen. Dem gleichen Zweck dienten auch seine spektakulären Turniere, die er organisierte und von namhaften Künstlern gestalten ließ. Er nahm selber aktiv an diesen Turnieren teil und entwickelte neue Kampftechniken und Methoden, um diese Veranstaltungen spektakulärer und fesselnder für das Publikum und zu regelrechten PR-Veranstaltungen zu machen. Die Turniere dienten sowohl dem sportlichen Vergnügen als auch der politischen Propaganda. Maximilian betrachtete sich selbst nämlich als Verfechter und Bewahrer der ritterlichen Tugenden und identifizierte sich stark mit den Werten eines idealisierten Ritterbildes. Tapferkeit und Treue waren zentrale Eigenschaften eines Ritters. Ein Ritter zeigte Mut, Selbstlosigkeit und war stets bereit, das Wohl anderer zu verteidigen. Genau so wollte Maximilian auch gesehen werden. Seine Leidenschaft für das Rittertum und seine Bemühungen, die ritterliche Tradition hochzuhalten, brachten ihm den Beinamen »der letzte Ritter« ein. Zu dieser Zeit war die ritterliche Kultur bereits im Schwinden. Mit dem Aufkommen von Feuerwaffen und moderneren Kriegsführungstechniken verlor die Ritterlichkeit im militärischen Kontext zunehmend an Relevanz. Maximilian wird daher als einer der letzten Vertreter des klassischen Rittertums angesehen.

Neben der Organisation von Turnieren hatte Maximilian aber auch eine Vorliebe für das Organisieren von Hochzeiten innerhalb seiner Familie. Er war ein wahrer Experte darin, machtpolitische Verkupplungen zu arrangieren, und nutzte diese Strategie, um die dynastischen Verbindungen der Habsburger zu fördern.

VERKUPPLUNGEN ALS ERFOLGSREZEPT

»Bella gerant alii, tu felix Austria nube.«[1]

Dieser Ausspruch (lat.: Kriege führen mögen andere, du, glückliches Österreich, heirate), der erstmals im 17. Jahrhundert in historischen Quellen auftauchte, wird noch heute häufig zitiert, wenn es um die Heiratspolitik der Habsburger geht. Maximilian heiratete 1477 Maria von Burgund, die begehrteste Junggesellin in ganz Europa. Als einzige Tochter und Erbin von Karl dem Kühnen, dem letzten burgundischen Herzog, war Maria eine äußerst gute Partie. Burgund war zu dieser Zeit eine bedeutende europäische Großmacht und eines der reichsten Länder Europas. Durch die Hochzeit ging das burgundische Erbe in die Hände der Habsburger über. In den nächsten Jahrzehnten war Maximilian damit beschäftigt, dieses Erbe zu sichern. Frankreich sah in den immer mächtiger werdenden Habsburgern eine potenzielle Bedrohung. Es entstand eine lang anhaltende Feindschaft, die sich über Jahrhunderte erstrecken sollte. Um Verbündete zu gewinnen, verfolgte Maximilian die kluge Strategie, sich den Feind seines Feindes zum Freund zu machen. Spanien, das ebenfalls mit Frankreich verfeindet war, war bereit, Maximilian zu unterstützen. Eine Doppelhochzeit sollte diese Allianz besiegeln.

Die Geschwister Philipp und Margarete von Österreich heirateten die Geschwister Johanna und Johan von Aragón und Kastilien. Die Doppelhochzeit erwies sich als äußerst praktisch, da sie die Notwendigkeit einer Mitgift aufhob, die normalerweise von den Eltern der Braut an den Bräutigam gezahlt wurde. Da beide Seiten jeweils eine Braut »stellten«, waren keine zusätzlichen Ausgaben erforderlich.

Im Jahr 1493 heiratete Maximilian Bianca Maria Sforza. Seine erste Frau, Maria von Burgund, war nach einem Reitunfall an den Folgen ihrer Verletzungen gestorben. Auch wenn Bianca Maria keinen besonderen Rang hatte, stammte sie aus einer wohlhabenden Familie. In gewisser Weise kann man sagen, dass die Sforza-Familie für Mailand das war, was die Medici-Familie für Florenz war. Beide Familien waren bedeutende politische und kulturelle Akteure in ihren jeweiligen Stadtstaaten während der italienischen Renaissance. Maximilian ging diese Ehe vor allem ein, um die Mitgift zu erhalten. Eine weitere Doppelhochzeit fand 1515 in Wien statt. Maximilians Adoptivsohn Ludwig heiratete seine Enkelin Maria, beide waren erst neun Jahre alt und Maximilian heiratete selber, als »Stellvertreter«, die zwölfjährige Anna von Böhmen und Ungarn. Auf diese Weise war sie quasi für die Habsburger »reserviert«, denn zu diesem Zeitpunkt stand noch nicht fest, welcher seiner Enkel sie heiraten sollte.

In seinen letzten Lebensjahren litt Kaiser Maximilian I. zunehmend unter schweren Depressionen. Er war so geschwächt, dass er auf Reisen immer einen Sarg mit sich führte. Selbst was mit seiner Leiche nach seinem Tod passieren sollte, hatte er vorgeplant. Seine Haare wurden abgeschnitten, seine Zähne herausgeschlagen und sein Körper gegeißelt. Anschließend wurde er mit Kalk und Asche bedeckt und öffentlich zur Schau gestellt, um sich als Büßer zu inszenieren und die Vergänglichkeit seiner menschlichen Macht zu verdeutlichen, welcher er eigentlich zu Lebzeiten getrotzt hatte. Bis zum Schluss strebte er danach, sein inszeniertes Image aufrechtzuerhalten und dafür zu sorgen, dass sein Vermächtnis erhalten blieb. In »Theuerdank« wird die fiktive Geschichte von Kaiser Maximilian I. und seinem Ritter-Alter-Ego namens Theuerdank erzählt. Dieses Werk gehört zur Gattung der Ritterepen und ist eine Art höfischer Roman, der posthum veröffentlicht wurde. Die erste Ausgabe wurde 1517 von Hans Schönsperger, dem kaiserlichen Buchdrucker Maximilians, in Nürnberg gedruckt und war zunächst nur für hochrangige Würdenträger zugänglich. Erst nach dem Tod des »letzten Ritters« wurde das Werk in höherer Auflage veröffentlicht. Es stellt ein monumentales Zeugnis des frühen Buchdrucks dar, der zu dieser Zeit noch in den Anfängen seiner Entwicklung stand.

Umso erstaunlicher ist es, dass im gleichen Jahr, 1517, Martin Luther mit seinen 95 Thesen, in denen er gegen den Missbrauch des Ablasshandels der römisch-katholischen Kirche protestierte, viral ging. Luther verfasste die Thesen zunächst handschriftlich auf Latein und heftete sie an die Tür der Schlosskirche in Wittenburg. Die Aktion löste eine weitaus größere Reaktion aus, als er erwartet hatte. Die Thesen wurden kopiert und verbreiteten sich. Druckermeister druckten weitere Exemplare, die in benachbarte Städte gelangten und erneut reproduziert wurden. Die deutsche Übersetzung beschleunigte die Verbreitung und erreichte auch jene Menschen, die kein Latein verstanden – die Mehrheit der Bevölkerung. Innerhalb eines Monats hatte sich Luthers Kritik in Form von Flugblättern und Broschüren in ganz Europa verbreitet. Luther traf den Puls der Zeit, indem er aussprach, was viele dachten, jedoch kaum jemand auszusprechen wagte – eine unpopuläre Meinung, mit der sich viele identifizieren konnten. Er verfasste weitere Schriften auf Deutsch, die sich ebenfalls rasch verbreiteten. Seine Übersetzung der Bibel aus dem Lateinischen ins Deutsche machte sie für die breite Bevölkerung zugänglich und prägte die deutsche Sprache nachhaltig. Dies markierte den Beginn der Reformation, in deren Zuge verschiedene Strömungen des Protestantismus entstanden.

Maximilians Regentschaft endete mit seinem Tod im Jahr 1519, bevor die Reformation zu einem zentralen Thema in Europa wurde. Sein Nachfolger Karl V. erließ 1521 das »Wormser Edikt«, das Martin Luther und seine Anhänger wegen Häresie verurteilte.

DIE SPANISCHE LINIE
DER HABSBURGER UND
IHRE MACHENSCHAFTEN

Karl V. (1500–1558) erbte von seinen Großeltern und Eltern ein riesiges Reich. Während seiner Regierungszeit wurden weite Teile der Welt kolonialisiert, darunter Mexiko, Peru, Chile, Teile der nordafrikanischen Küste, aber auch die heutigen Philippinen – die nach seinem Sohn und späteren König Phillip II. benannt wurden. Er wurde als von Gott bestimmter Weltherrscher angesehen, der ein christliches Weltreich vereinte und Gnade über die Welt brachte. Karl V. litt an Depressionen, Epilepsie und Progenie. Letzteres ist eine Kieferfehlstellung, bei der das Kinn und der Unterkiefer auffällig hervorstehen. Progenie ist meist genetisch bedingt und kann je nach Ausprägung zu unterschiedlich starken Beeinträchtigungen führen. Häufig ist in diesem Zusammenhang von der »Habsburger Lippe« oder dem »Habsburger Unterkiefer« die Rede. Auf den meisten Porträts der Habsburger ist die Habsburger Lippe zu erkennen, wobei sie bei Männern offenbar stärker ausgeprägt war als bei Frauen. Karl V. litt unter Sprach- und Essschwierigkeiten. Er konnte seinen Mund nicht vollständig schließen. Höflinge rieten ihm, er möge aufpassen, dass sich keine Schmeißfliege in seinem Hals einnistete.

Seine psychische Verfassung könnte er von der mütterlichen Seite geerbt haben. Seine Urgroßmutter, Großmutter und Mutter litten an Depressionen und womöglich auch an anderen psychischen Erkrankungen. Seine

Mutter sollte als Johanna »die Wahnsinnige« in die Geschichte eingehen. Zustand und Verhalten wurden von ihrem Vater und Sohn dramatisiert, um sie als »regierungsunfähig« zu erklären. Sie war nämlich die rechtmäßige Erbin von Königin Isabella I., weil alle anderen männlichen Thronfolger gestorben waren. Selbst ihr Mann, Phillip »der Schöne«, starb überraschend in jungen Jahren. Johanna hätte als Königin regieren können, wenn ihr Sohn und Thronfolger sie nicht eingesperrt und gemeinsam mit ihrem Vater, Ferdinand von Aragón, Fake News über sie verbreitet und sie als »krank« deklariert hätten. Zu Lebzeiten wurde sie übrigens »inferma«, also krank, und nicht »loca«, verrückt oder wahnsinnig, genannt. Erst mit der Romantisierung ihrer Geschichte, die eine perfekte Vorlage für Liebesromane war, wurde sie zur »wahnsinnigen« Königin, die ihren Mann selbst nach seinem Tod nicht loslassen konnte.

Nach dem Tod seiner Gemahlin fiel auch Karl V. emotional in ein tiefes Loch. Er kleidete sich nur noch schwarz und suchte Ablenkung in seinem Hobby: dem exzessiven Sammeln von Uhren. Er sorgte dafür, dass alle die gleiche Uhrzeit anzeigten und im gleichen Takt schlugen. Zudem ließ er sich seine eigene Beerdigung quasi als Theaterstück vorspielen. Dabei übernahm er freilich die Hauptrolle und lag während der Vorführung im Sarg. Nach einem Nervenzusammenbruch legte er schließlich sein Amt nieder. Karl V. reiste häufig zwischen seinen beiden riesigen Territorien hin und her, dem Königreich Spanien, zu dem die Burgundische Niederlande gehörte, und dem Heiligen Römischen Reich, das große Teile Mitteleuropas umfasste. Das Volk wünschte sich aber ungeteilte Aufmerksamkeit. An dieser Stelle kam es zur Teilung des Hauses Habsburg. Spanien und die Burgundischen Niederlande gingen an seinen Sohn Philipp II. (1527–1598), während das Heilige Römische Reich Karls jüngerem Bruder Ferdinand I. zugesprochen wurde.

Die erste Gattin von Philipp II., Maria Manuela von Portugal, war seine doppelte Cousine, da sie gemeinsame Vorfahren sowohl väterlicher- als auch mütterlicherseits hatten. Diese engen verwandtschaftlichen Beziehungen hatten direkte Auswirkungen auf die Gesundheit des Sohnes der beiden, Don Carlos, der sowohl physisch als auch psychisch beeinträchtigt war. Er soll einen Buckel gehabt haben, eine Schulter soll höher gewesen sein als die andere, ein Bein soll länger gewesen sein als das andere. Aufgrund eines verstellten Kiefers soll er Schwierigkeiten bei der Aussprache gehabt haben. Sieht man sich seine Porträts an, kommt man zum Schluss, dass entweder die Zeitgenossen oder die Künstler gelogen haben. Die genauen Einzelheiten zum Zustand von Don Carlos sind in der Historiografie umstritten, denn sein Vater war König und konnte die Geschichte so schreiben, wie es ihm passte. Seine psychische Verfassung wurde mit einem Unfall in seiner frühen Kindheit erklärt, bei dem er sich stark am Kopf verletzt haben sollte. Es wird berichtet, dass er eine rebellische und labile Persönlichkeit besaß, sein Verhalten äußerst unvorhersehbar war und er öfter in Konflikte mit seinem Vater geriet. Es wurde sogar spekuliert, dass er Pläne schmiedete, seinen Vater zu entthronen. Als Reaktion darauf wurde Don Carlos von Philipp in Gefangenschaft gehalten, um die königliche Autorität zu wahren und mögliche Gefahren abzuwenden. In diesem Zusammenhang gab es auch Spekulationen darüber, ob Philipp seinen Sohn vergiftet haben könnte. Allerdings ist diese Theorie unwahrscheinlich. Viel wahrscheinlicher ist, dass sich Don Carlos in Gefangenschaft selbst zu Tode hungerte. Zuvor hatte er auch versucht, sich das Leben zu nehmen, indem er einen Ring schluckte. Die genauen Umstände seines Todes bleiben ungeklärt.

Bestimmt fehlte es Don Carlos an Bezugspersonen: Seine Mutter Maria Manuela starb im Alter von nur 17 Jahren, vier Tage nach seiner Geburt. Seine frühe Kindheit verbrachte er ohne Vater, der für seine zweite Ehe nach England gezogen war. Dort heiratete er seine Cousine ersten Grades, Maria I., Tochter von König Heinrich VIII. und Katharina von Aragón und Schwester von Johanna I. von Kastilien und Aragón. Maria war die erste weibliche Regentin Englands und noch dazu katholisch wie die Habsburger Dynastie. Philipp witterte viel politisches Potenzial in dieser Ehe, aber es entstanden keine Nachkommen mit Maria. Zwar ließen mehrere Scheinschwangerschaften ihn im Glauben, dass da noch was kommen könnte. Mit ihrem Tod endeten allerdings alle Hoffnungen.

Philipp II. heiratete daraufhin seine dritte Ehefrau, Elisabeth von Valois, seine Cousine dritten Grades. Sie war die Tochter von Heinrich II. und Catarina de' Medici, dem König und der Königin von Frankreich. Ursprünglich war sie mit seinem Sohn Don Carlos verlobt gewesen, doch aufgrund von Philipps Einschätzung seines Sohnes als »unreif« und »krankhaft« wurde die Hochzeit immer wieder verschoben. In Anbetracht seiner eigenen

Suche nach einer Braut nutzte Philipp die Gelegenheit und löste die Verlobung auf, um die erst 14-jährige Elisabeth selbst zu heiraten. Zu diesem Zeitpunkt war er bereits 32 Jahre alt.

Die bisher genannten Eheschließungen verdeutlichen, wie stark die spanische Linie der Habsburger mit anderen europäischen Königshäusern verbunden war, bereits zu diesem relativ frühen Zeitpunkt – wir befinden uns mitten im 16. Jahrhundert.

Elisabeth von Valois wurde fünfmal schwanger. Sie erlitt drei Fehlgeburten, zwei Töchter brachte sie zur Welt. Die Schwangerschaften und Geburten hatten sie stark geschwächt. Die damals übliche Universal-Behandlungsmethode, der Aderlass, trug dazu bei, dass sich ihr Zustand weiter verschlechterte. Nach langem Leiden verstarb sie im Alter von 23 Jahren, ohne einen Thronfolger zur Welt gebracht zu haben.

Verzweifelt darüber, dass er noch keinen Thronfolger in petto hatte, sein einziger Sohn Don Carlos war inzwischen schon verstorben, heiratete Philipp ein viertes Mal. Dieses Mal richtig übertrieben: Seine vierte Gemahlin wurde Anna von Österreich. Die Heirat stieß auf erhebliche Kontroversen. Die Ehe musste erst mal vom Papst genehmigt werden. Der päpstliche Dispens zur Eheschließung wurde erst nach langem Widerstand erteilt. Anna war nämlich Philipps Nichte und Cousine ersten Grades. Sie war die Enkeltochter von Philipps Vater, Karl V., und die Tochter seiner Schwester, Maria von Spanien. Ursprünglich war auch ihre Hand seinem Sohn versprochen gewesen. Anna brachte fünf Kinder zur Welt, darunter den lang ersehnten Thronfolger. Jedoch war auch sie von den zahlreichen Schwangerschaften und Fehlgeburten gezeichnet und verstarb infolge einer Frühgeburt an Herzschwäche.

Insgesamt hatte Philipp II. mit vier verschiedenen Frauen elf Kinder. Ihn überlebten nur zwei seiner Kinder, seine Tochter Infantin Isabella Clara Eugenia und sein Sohn Philipp III., der den Thron besteigen sollte. Philipp III. (1578–1621) heiratete seine Cousine zweiten Grades, Margarete von Österreich. Aus dieser Ehe gingen fünf Kinder hervor, die überraschenderweise alle das Erwachsenenalter erreichten. Die Regierungszeit von Philipp III. war eine Zeit der relativen Ruhe vor dem Sturm. Die Geschichte nahm dann mit seinem ältesten Sohn und späteren König Philipp IV. (1605–1665) eine turbulente und verrückte Wendung.

Philipp IV. wurde im Alter von zehn Jahren mit Elisabeth von Frankreich vermählt, die damals 13 Jahre alt war. Mit dieser Verbindung brachen die Habsburger mit ihrer langjährigen Tradition und schlossen eine Ehe außerhalb der eigenen Familie. Das Ziel dieser Ehe war es, das politische Bündnis zwischen den beiden Reichen zu festigen und zu stärken. Elisabeth verstarb im Alter von 41 Jahren. Von ihren zehn Kindern verstarben acht noch im frühen Kindesalter. Nur ein Sohn, Baltazar Charles, kam als potenzieller Thronfolger in Frage. Es war geplant, dass Baltazar Charles seine Cousine ersten Grades, Maria Anna von Österreich, heiraten sollte. Jedoch wurde diese Ehe niemals geschlossen, da Baltazar Charles an den Pocken verstarb. Somit stand Philipp IV. nun ohne Thronfolger und Gemahlin da. Während das Fehlen eines Thronfolgers eine ernste Angelegenheit war, konnte er zumindest aus einer breiten Auswahl an potenziellen Bräuten wählen, die aus der österreichischen Linie der Habsburger stammten. Philipp IV. entschied sich schließlich für die naheliegendste Option und heiratete seine Nichte, die zuvor mit seinem verstorbenen Sohn verlobt gewesen war. Der Altersunterschied von 30 Jahren wird noch viel schlimmer, wenn man weiß, dass er bei der Hochzeit 44 Jahre alt und sie 14 Jahre jung war. Die ersten beiden gemeinsamen Kinder waren Mädchen, was den großen Wunsch nach einem männlichen Thronfolger, der den Fortbestand der Dynastie sichern sollte, verstärkte. In seiner Anstrengung, die Chancen auf einen männlichen Erben zu erhöhen und seine Fruchtbarkeit zu steigern, unterzog sich Philipp IV. einer Diät, die hauptsächlich aus Eiern bestand. Die Prophezeiung eines Astronomen versprach dem König, dass sein nächstes Kind ein Sohn sein würde. Schließlich brachte Maria Anna tatsächlich einen Jungen zur Welt, der auf den Namen Philipp Prospero getauft wurde. Die Freude über die Geburt eines männlichen Erben war groß, doch die Erwartungen waren noch größer. Schnell folgte die Ernüchterung. Der junge Philipp Prospero war von Geburt an sehr schwach, häufig krank und litt an Epilepsie. Seine verzweifelten Eltern behängten ihn mit Amuletten und Glücksbringern und hofften, ihn so von seinen Krankheiten heilen zu können.

Dessen Halbschwester Maria Teresa wurde mit dem französischen Thronfolger Ludwig XIV. verheiratet. Bei ihrer Eheschließung galt sie als inoffizielle Erbin der spanischen Krone, weil Philipp Prosperos Gesundheitszustand offensichtlich viel zu schlecht war. Niemand

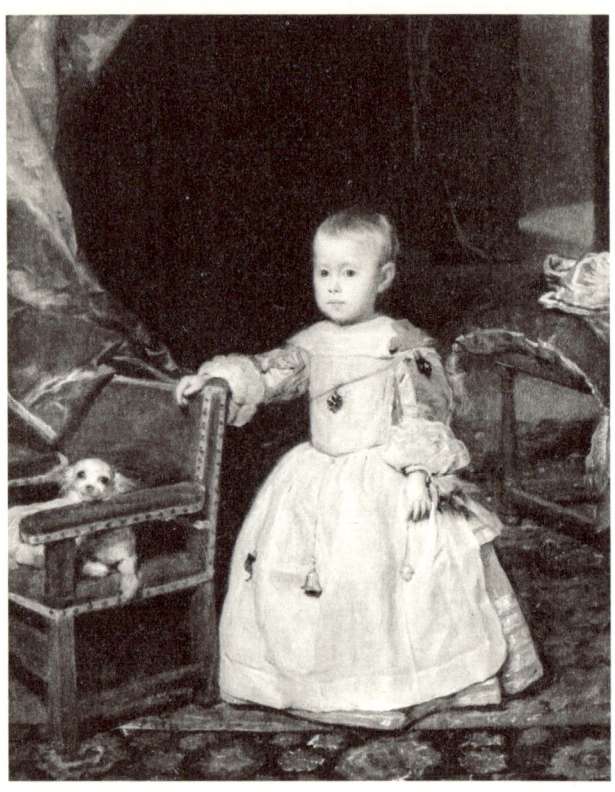

Infant Philipp Prosper von Spanien

erwartete, dass er seinen Vater überleben würde. Zuvor war ein weiterer Sohn, Tomas Carlos, mit nur zehn Monaten verstorben. Philipp IV. sah in der erfolglosen Reproduktion eine Strafe Gottes für seine begangenen Sünden. Die Franzosen rechneten sich in Anbetracht der Tatsachen gute Chancen für die Übernahme der spanischen Krone aus und auch der Österreicher Leopold I. machte sich Hoffnungen.

Kurz vor seinem vierten Geburtstag stirbt Philipp Prospero an den Folgen eines epileptischen Anfalls. Fünf Tage nach seinem Tod passiert etwas, was niemand mehr für möglich gehalten hätte: Sein Bruder Karl wird geboren und er sollte sogar seinen Vater überleben.

Das tragische Leben von Karl II. (1661–1700) war der traurige Höhepunkt der inzestuösen Praktiken der spanischen Habsburger-Dynastie.

Bis zum Alter von fünf Jahren wurde Karl ausschließlich gestillt. Eine beeindruckende Anzahl von 14 Ammen war damit beschäftigt, diesen hohen Milchbedarf zu stillen. Sein Unterkiefer war derartig verstellt, dass er feste Nahrung nicht zerkauen konnte und erst mit vier Jahren zu sprechen begann. Laufen konnte er überhaupt erst mit acht Jahren. Angesichts seines extrem schlechten körperlichen und psychischen Zustands grenzte es an ein Wunder, dass Karl II. im Laufe seines Lebens zahlreiche Infektionen wie Masern, Pocken, Röteln, Windpocken und epileptische Anfälle überlebte.

Karls Mutter und sein Hofstaat waren überzeugt, dass er von einem Dämon besessen war. Er wurde als »el hechizado« (span.: der Verhexte) bezeichnet. Es wurden eine Reihe von Exorzismen und Reliquienbehandlungen durchgeführt, um diese vermeintliche Besessenheit zu beheben. Sogar die Gebeine seines Vaters wurden ihm, in der Hoffnung auf Heilung, in sein Bett gelegt. Politisch war Karl II. eine Marionette, gesteuert von verschiedenen Interessengruppen, die vor allem um den Fortbestand der Dynastie besorgt waren. Der Druck lastete auf Karl, so schnell wie möglich einen Thronfolger zu zeugen, bevor er selbst starb. Im Alter von 18 Jahren heiratete Karl II. Marie Louise d'Orléans. Es gab starke Vermutungen, dass Karl impotent war, doch aussprechen traute sich das niemand. Die Schuld am Ausbleiben von Nachkommen wurde Marie Louise zugeschrieben. Sie musste täglich kalorienreiche Fruchtbarkeitstränke zu sich nehmen, die ihr von den Hofärzten verabreicht wurden, aber es half nichts. Nach zehn Jahren Ehe starb Marie Louise. Die zweite Gattin, Maria Anna von Pfalz-Neuburg, war weniger nachsichtig und ließ sich nicht alles gefallen. Sie entstammte einer Familie, die für ihre außerordentliche Fruchtbarkeit bekannt war. Unter anderem ein Grund, warum sie »auserwählt« wurde. Doch auch ihre Ehe blieb kinderlos. Sie ließ allerdings nicht an ihrer mutmaßlich angeborenen überdurchschnittlichen Fruchtbarkeit zweifeln und veranlasste, Karl weiteren Exorzismen unterziehen, um den vermeintlichen Dämon auszutreiben. Im Jahr 1700 endete der Leidensweg für alle Beteiligten, als Karl im Alter von 38 Jahren verstarb. Die Autopsie brachte Erschreckendes zu Tage: Sein Herz war kaum größer als ein Pfefferkorn, seine Lungen waren korrodiert, seine Eingeweide befanden sich in einem fauligen und eiternden Zustand. Zusätzlich hatte er nur einen einzigen schwarzen Hoden und sein Kopf war mit Flüssigkeit gefüllt.

Im Rahmen einer Studie, geleitet von dem Genetiker Gonzalo Alvarez, wurde der »Inzucht-Koeffizient« einzelner Habsburger berechnet. Der »Inzucht-Koeffizient« gibt an, wie viele vererbte Gene von Mutter und Vater beim Kind identisch sind. Im Normalfall, wenn die Eltern nicht miteinander verwandt sind, werden von jedem Elternteil unterschiedliche Gene vererbt. Bei Phi-

Karl II.

lipp I. betrug der Wert noch 0,025. Wir erinnern uns: Seine Großeltern waren Cousine und Cousin zweiten Grades. Bei Karl II. lag er bei 0,254. Über 16 Generationen hinweg hatte sich der Wert verzehnfacht. Im Fall von Karl II. entsprach der Koeffizient einem Wert, der bei Inzest zwischen einem Elternteil und dessen Kind oder zwischen Geschwistern zu erwarten wäre.

Karl II. war sozusagen ein armer Kerl, denn es scheint so, als hätte er die komplette Ladung inzestuösen Erbgutes abbekommen. Seine psychischen und physischen Krankheiten und die seiner Vorfahren können auf familieninterne Verbindungen zurückgeführt werden.

Auffällig oft wurde das physische Merkmal der »Habsburger-Lippe« vererbt. Mit dem einher ging häufig eine Sprachbehinderung. Außerdem wiederholten sich körperliche Fehlbildungen, eingeschränkte Fruchtbarkeit, psychische Krankheiten, Depressionen und Epilepsie besonders häufig. Je näher die Eltern miteinander verwandt waren, also je größer die genetische Ähnlichkeit war, desto ausgeprägter waren die Krankheiten und Beeinträchtigungen. Vor allem war aber die Zahl der Fehlgeburten und die Kindersterblichkeit auffällig hoch. Bei den spanischen Habsburgern lag die Kindersterblichkeit bei 80%, das war viermal so viel wie der Durchschnitt in der damaligen spanischen Bevölkerung.

Spätestens an dieser Stelle drängt sich die Frage auf: Warum haben die das immer wieder gemacht?

MÄCHTIGES BLAUES BLUT

Die Habsburger sind für ihre familieninterne Heiratspraxis berühmt-berüchtigt, allerdings waren sie bei weitem nicht die Einzigen, die eine solche Politik verfolgten. Ganz im Gegenteil. An dieser Stelle sei gesagt, dass Eheschließungen lange Zeit eine Vereinbarung zwischen zwei Interessensgruppen waren. Anstelle von romantischer Liebe waren ökonomische, soziale und politische Faktoren die Motivation und Grundlage für eine Ehe. Liebe konnte eine Rolle spielen, aber nur dann, wenn andere relevante Interessen erfüllt wurden. Dies galt unter Adeligen, aber auch unter dem wohlhabenden und besitzenden Teil der Bevölkerung als eine Art Absicherung ihres Reichtums. Eheschließungen wurden genutzt, um politische Bündnisse zu schmieden, Ländereien zu vereinigen oder Handelsbeziehungen zu festigen. Die persönlichen Wünsche oder Vorlieben der Brautleute standen oft im Hintergrund, während die kollektiven Interessen der Familien im Vordergrund standen. Dies führte dazu, dass Ehen häufig arrangiert wurden, ohne dass die Brautleute sich zuvor getroffen oder kennengelernt hatten. Die Romantisierung der Ehe als Liebesbündnis begann erst im späten 17. und 18. Jahrhundert. Während der Aufklärung und in der Romantik erlangten individuelle Gefühle und Empfindungen zunehmend an Bedeutung. Romantische Liebe und die persönliche Wahl hatten allmählich einen größeren Einfluss auf die Entscheidung zur Eheschließung. In dieser Zeit entwickelte sich die Vorstellung, dass Ehen auf emotionaler Verbundenheit und gegenseitiger Zuneigung basieren sollten. Größtenteils war das aber ein theoretisches Konzept. Der Wandel in der Bedeutung, dem Zweck und den Erwartungen von Ehen änderte sich erst im Verlauf des 19. Jahrhunderts.

In einer Zeit, in der Dynastien herrschten und keine gewählten Regierungen, waren Erbfolge und familiäre Beziehungen von größter Bedeutung. Ehen waren fast immer Verträge, die Bündnisse besiegelten und Frieden sicherten. Töchter wurden teilweise noch als Babys oder Ungeborene als Kandidatinnen in Aussicht gestellt, reserviert oder versprochen. Junge Bräute wurden zu ihren neuen Ehemännern geschickt als Symbol des Friedens und der Verbundenheit, aber auch als Interessensvertreterinnen der eigenen Familie, um Einfluss auf die politischen Entscheidungen am Hof zu nehmen. Die Adelsabstammung war dabei unverhandelbar. In diesem Zusammenhang wird vom »blauen Blut« gesprochen.

Dieser Ausdruck leitet sich wörtlich vom spanischen »sangre azul« ab und dürfte rund um das 8. Jahrhundert in Kastilien (heutiges Spanien) entstanden sein. 711 eroberten die Araber von Nordafrika aus die Iberische Halbinsel und beendeten die Herrschaft der Westgoten. Die »Mauren« unterschieden sich offensichtlich von den Westgoten, deren blaue Adern unter der blassen Haut eindeutig sichtbar waren. Während der »Reconquista«, also der Rückeroberung Spaniens durch christliche Königreiche der Iberischen Halbinsel, wurde das »sangre azul« zur rassistischen Klassifizierung. Man versuchte sich von den »moriscos« (span.: Morisken) abzugrenzen. So wurde die muslimische Gemeinschaft auf der Iberischen Halbinsel verunglimpft. Sie wurden von der Spanischen Inquisition verfolgt und vertrieben oder konvertierten unter Zwang zum Christentum, praktizierten aber heimlich weiterhin den Islam. »Moriscos« gehörten einer »niederen« gesellschaftlichen Schicht an. In diesem Zusammenhang sollte blasse Haut die Überlegenheit innerhalb der sozialen Hierarchie widerspiegeln. Dieser Gedanke weitete sich aus und blasse Haut wurde zu einem Merkmal nobler Adeliger und Wohlhabender quer durch Europa. Sie zeigten damit ihre privilegierte

Stellung in der Gesellschaft, nämlich dass sie sich in ihren von Kerzenlicht erhellten Burgen und Schlössern von der Sonne schützen konnte, während andere im Feld harte Arbeiten verrichten mussten und ihr so unweigerlich ausgesetzt waren. Blässe wurde zum Schönheitssymbol. Damen verwendeten etwas, was man heute als Make-up bezeichnen würde, um ihre Haut noch blasser wirken zu lassen, und zeichneten ihre Adern nach, um sie noch blauer erscheinen zu lassen. Die hierarchische Ordnung der Gesellschaft spielte eine wichtige Rolle. Jeder hatte seinen Platz und dort sollte er oder sie auch möglichst bleiben. Adelige weigerten sich, ihr Blut mit dem »gewöhnlichen« Volk zu vermischen, weil sie sich als einzigartig und überlegen sahen. Mit der Reformation, die im frühen 16. Jahrhundert ihren Anfang nahm, wurde die Zielgruppe am Heiratsmarkt nochmals eingeschränkt, denn Katholiken konnten keine Protestanten heiraten und umgekehrt. Dies führte dazu, dass Dynastien über Generationen hinweg die Töchter zwischen einer kleinen Anzahl königlicher Familien hin und her tauschten.

HEIRAT ALS FAMILIENANGELEGENHEIT

Endogamie, also die Heirat oder Fortpflanzung innerhalb der eigenen sozialen, kulturellen oder ethnischen Gruppe, war in der Heiratspolitik europäischer Dynastien über viele Jahrhunderte hinweg tatsächlich der vorherrschende Konsens. Die Habsburger übten eine besonders ausgeprägte Form der Endogamie aus, indem sie bevorzugten, dass Mitglieder der Habsburger-Familie vorrangig andere Familienmitglieder heiraten sollten. Damit brachen die streng katholischen Habsburger, die sich selbst als von Gottes Gnade ernannte Herrscher sahen, die kanonischen Gesetze der katholischen Kirche. Das Verbot für Ehen zwischen Blutsverwandten reichte bis zum achten Grad der Verwandtschaft. Die meisten Ehen der Habsburger fallen in die Kategorie der Verwandtschaft dritten Grades, waren also absolut verboten. Konkret betraf dies die Ehen zwischen Onkeln und Nichten.

Darüber hinaus heirateten die Habsburger häufig auch ihre Cousinen und Cousins ersten Grades. Obwohl diese Praxis grundsätzlich nicht verboten war, hatte sie verheerende Auswirkungen auf den Genpool, da sie über Generationen hinweg fortgeführt wurde und die Verwandtschaft oft sowohl väterlicher als auch mütterlicherseits bestand. Es scheint, als hätten einige Könige gedacht, dass Regeln dazu da waren, gebrochen zu werden, oder erst gar nicht für sie galten. Die inzestuösen Ehen der Habsburger mussten vom Papst durch Dispens freigegeben werden. An dieser Stelle dürfte nochmals klar werden, dass die Motivation solcher Ehen immer die Machterhaltung war. Auch der Papst wollte seine Interessen erfüllt sehen und er wollte sicherlich nicht seine freundschaftlichen Beziehungen zu der mächtigsten Familie jener Zeit aufs Spiel setzen. Um Macht zu erhalten und auszuweiten, kann man sich unterschiedlicher Instrumente bedienen, die politische und soziale Faktoren im eigenen Interesse begünstigen. Kombiniert man diese, erreicht man einen geschlossenen Kreis der Dominanz, der nur schwer zu durchbrechen ist.

Obwohl alle europäischen Königshäuser von Inzucht betroffen waren, waren die Habsburger zweifellos jene mit dem größten Inzestanteil und das hatte einen besonderen Grund. Das Haus Habsburg regierte Spanien von 1506 bis 1700 und das Heilige Römische Reich von 1452 bis 1806 (mit einer kurzen Unterbrechung in den Jahren 1740–1745). Die Familie bestand aus zwei Zweigen, die sich über Jahrhunderte Bräute zur »Verfügung« stellten. Aufgrund der Inzucht gab es in beiden Zweigen der Habsburger-Dynastie oft einen Mangel an männlichen Erben. Da jedoch das Erbgesetz den Nachkommen von Frauen erlaubte, den Thron zu erben, war es von großer Bedeutung, dass auch diese Nachkommen Habsburger waren. So konnte der Fortbestand der Dynastie abgesichert werden. Selbst wenn keiner ihrer Brüder den kaiserlichen Thron erbte, einer ihrer Söhne könnte dies tun und der nächste König oder Kaiser würde dennoch ein Habsburger sein. Das war also ein strategisches, ausgeklügeltes System. Die Habsburger hatten in Anbetracht der Tatsachen eigentlich keine andere Wahl, als sich selbst zu heiraten, denn alle anderen Optionen hatten sie durch ihr konstruiertes System ausgeschlossen. Was passieren konnte, wenn man sich nicht an dieses System hielt, sehen wir am folgenden Beispiel: Philipp IV. von Spanien ließ seine Tochter Maria Teresa mit Ludwig XIV. von Frankreich verheiraten. Als Philipps letzter Sohn Karl II. starb, war der französische König Ludwig XIV. rechtmäßiger Erbe des spanischen Throns. Er ergriff alsbald seine Chance und erhob seine Machtansprüche. Die

Habsburger forderten den Thron zurück, woraufhin der Spanische Erbfolgekrieg im Jahr 1701 ausbrach. Die Habsburger verloren den Krieg und den spanischen Thron.

Lasst uns an dieser Stelle mit der Linie der österreichischen Habsburger fortfahren.

DIE ÖSTERREICHISCHEN HABSBURGER UND DIE FORTSETZUNG DER SAGA

Dort, wo die spanische Linie der Habsburger aufhörte, machten die Österreicher munter weiter. Margarita Theresa, die Schwester des letzten spanischen Königs aus dem Haus Habsburg, Karl II. von Spanien, heiratete ihren Onkel und Cousin ersten Grades, Leopold I. Diese Verbindung stand lange fest. Um das Heranwachsen und die Entwicklung seiner zukünftigen Braut zu dokumentieren, wurden zu unterschiedlichen Zeitpunkten ihrer Kindheit Gemälde angefertigt und nach Wien geschickt. Die beiden heirateten 1666 per Stellvertreter, ehe die offizielle Hochzeit prunkvoll in Wien gefeiert wurde. Leopold war 26 und seine Nichte-Cousine-Gemahlin 15 Jahre alt. Ihre Ehe wird als harmonisch beschrieben. Leopold bestand darauf, von Margarita mit »Onkel« angesprochen zu werden, und sie schien damit kein Problem zu haben. Nur eines der vier Kinder des Paares überlebte das Säuglingsalter. Margarita Theresa wirkte »gesünder« als ihr Bruder, aber die hohe Sterblichkeit ihrer Kinder und auch ihr früher Tod können direkt auf die inzestuösen Machenschaften ihrer Vorfahren zurückgeführt werden. Auch Leopold war das Kind zweier eng verwandter Eltern. Er hatte eine sehr ausgeprägte Habsburger Lippe, fasst schon zum Verwechseln ähnlich mit seinem spanischen Schwager. »Fotzenpoldi« war nur einer der uncharmanten Spitznamen, die ihm verliehen wurden.

Margarita starb im Alter von nur 21 Jahren während ihrer fünften Schwangerschaft. Leopold zeigte sich zutiefst erschüttert, war aber kein Kind von großer Traurigkeit und heiratete bald darauf seine Cousine zweiten Grades, Claudia Felicitas. Auch sie starb früh nach ihrer zweiten Totgeburt. Nach zwanzig Jahren auf dem Thron hatte Leopold immer noch keinen männlichen Erben, und benachbarte Herrscher begannen, seinen Thron und sein Reich ins Visier zu nehmen. Leopolds dritte Frau und Cousine zweiten Grades, Eleonora Magdalena von Nürnberg, war genetisch immerhin weit genug entfernt. Sie bekamen sieben Kinder, die alle überlebten. Auf diese Weise sicherte Leopold als einziger männlicher Habsburger seiner Zeit gerade noch rechtzeitig die Nachfolge und die Zukunft der Habsburger-Dynastie. 35 Jahre später hatte sein Sohn, Kaiser Karl VI., keine überlebenden Söhne und hinterließ das Heilige Römische Reich seiner Tochter Maria Theresia.

Mit seiner Frau Elisabeth Christine von Braunschweig-Wolfenbüttel, die keine Verwandte war, bekam Karl VI. zunächst einen Sohn, der aber noch als Baby verstarb. Weitere drei Kinder sollten Töchter werden. Karl ließ die Gemächer seiner Frau mit erotischen Gemälden nackter männlicher Körper behängen, in der Hoffnung, ihre Fantasie anzuregen und sie dazu zu verleiten, einen Sohn zur Welt zu bringen. Sie musste eine spezielle Diät einhalten, bestehend aus Alkohol und kalorienreicher Kost, die ihre Fruchtbarkeit ankurbeln sollte. Damit wurde aber eher das Gegenteil bewirkt.

So trat Maria Theresia die Thronfolge an. Da Frauen nicht regieren durften, machte sie 1745 ihren Gatten Franz Stephan von Lothringen (ihr Cousin zweiten Grades) zum Kaiser und Co-Monarchen. Das war allerdings nur ein formeller Akt, es war klar, wer in Wirklichkeit das Sagen hatte. Franz I. war zwar ein Habsburger, er war aber auch ein Lothringer, und da Königshäuser üblicherweise nach dem männlichen Oberhaupt der Familie benannt wurden, wurde die Dynastie fortan Habsburg-Lothringen genannt. Das Spiel der arrangierten königlichen Eheschließungen beherrschte Maria Theresia perfekt. Am bekanntesten war wohl jene zwischen ihrer Tochter Marie Antoinette und Ludwig XVI. Marie Antoinette soll übrigens auch eine leichte Habsburger-Lippe gehabt haben. Weiß man das, kann man es auf ihren Porträtgemälden nicht mehr übersehen.

Ihr Neffe, Franz II., sorgte für einen weiteren spektakulären Fall im Hause Habsburg-Lothringen. Das Wort »Fall« ist hier zweideutig zu betrachten. Seine zweite Frau, Maria Theresia aus Neapel, war seine zweifache Cousine ersten Grades. Zur Erklärung: Sie teilten sich alle vier Großeltern. Sie hatten zwölf Kinder, aber nur sieben erreichten das Erwachsenenalter. Nach einer Niederlage gegen Napoleon Bonaparte musste er nicht nur seine Tochter, Marie Louise, zur Heirat an Napoleon »abgeben«, sondern auch auf seine Herrschaft über das Heilige Römische Reich verzichten. Franz war nun nicht mehr

Kaiser über das Heilige Römische Reich, aber als Franz I. war er immer noch Herrscher von Österreich. Das war seit 1278 das Geburtsrecht der Habsburger, und weil ein Kaiser immer ein Kaiser bleibt, ernannte er sich zum Kaiser von Österreich. Er starb im Alter von 67 Jahren und übergab den Thron an seinen Sohn Ferdinand I., der aufgrund der engen Verwandtschaft seiner Eltern zahlreiche gesundheitliche Probleme hatte – das gewohnte Schema wiederholte sich. Er hatte einen sogenannten Wasserkopf, eine Sprachbehinderung und war geistig beeinträchtigt. Seine Ehe mit Maria Anna von Savoyen konnte er höchstwahrscheinlich nicht vollziehen. Allein in der Hochzeitsnacht soll er fünf epileptische Anfälle erlitten haben. Er hatte bis zu zwanzig Anfälle täglich, was ihn praktisch regierungsunfähig machte. Als 1848 Revolutionen in ganz Europa ausbrachen, sorgte man sich einmal mehr um den Fortbestand der Monarchie. Für das Image war es nicht sonderlich hilfreich, einen Kaiser zu haben, der nicht wirklich in der Lage war zu regieren, also befolgte er die Forderungen seiner Berater und dankte zu Gunsten seines Neffen Franz Joseph I. ab.

Längst überfällig ist die Antwort auf die Frage: Merkten die Habsburger nicht, was sie mit ihrer Inzestpraxis anrichteten? Nun, sie wussten, dass sie damit eine Sünde begingen. Laut dem Kirchenrecht waren Ehen zwischen engen Verwandten verboten, aber durch die Absegnung des Papstes wurde dieses Verbot relativiert. Aus der Landwirtschaft wusste man beispielsweise auch, dass durch Kreuzungen von Pflanzen bzw. der Züchtung von Tieren bestimmte Merkmale erzeugt werden konnten. Bezüglich der Merkmale beim Menschen hatte man höchstens einen Verdacht oder ein mulmiges Gefühl, aber der medizinische Wissensstand war bei weitem noch nicht so ausgereift, sodass man nur ansatzweise ein Verständnis von Genetik haben konnte. Und so kommt es, dass oftmals der Teufel seine Finger im Spiel hatte. Hauptsächlich waren es aber die Frauen, denen die Schuld zugesprochen wurde. Erst im frühen 19. Jahrhundert erforschte Charles Darwin im Zuge seiner berühmten Evolutionstheorie die möglichen Folgen von Inzucht. Trotzdem heiratete er seine Cousine ersten Grades. Von ihren zehn Kindern starben drei im Kindesalter und Darwin selbst führte diesen Umstand auf ein zu nahes Verwandtschaftsverhältnis zu seiner Ehefrau zurück. Die Erkenntnis kommt bekanntlich immer mit der Erfahrung. Erst als der Augustinermönch Gregor Mendel Mitte des 19. Jahrhunderts in seinem Klostergarten an Erbsen herumexperimentierte und zum Schluss kam, dass individuelle Merkmale über mehrere Generationen hinweg vererbt werden können und somit den Zusammenhang zwischen Inzucht und Krankheit beweist, folgte der Aha-Moment. Ob die Habsburger die »Mendelschen Regeln« gelesen haben, ist unklar, jedenfalls begannen ungefähr zeitgleich, junge Monarchen und Adelige vermehrt außerhalb der Blutlinie zu heiraten. Die strikten Heiratsregeln stellten aber ein Hindernis dar und waren mit dem Verlust von Privilegien verbunden. Bestes Beispiel war Franz Ferdinand, der sich in Sophie Chotek von Chotkowa verliebte, die ihm nicht ebenbürtig war. Bevor er sie heiraten durfte, musste er offiziell auf die Thronfolge seiner zukünftigen Kinder verzichten. Vielleicht hatte Franz Ferdinand auch ein Gen geerbt, welches seine wütende und gewalttätige Art erklären könnte. In seinem Leben erlegte er etwa 270 000 Tiere, Slawen und Juden bezeichnete er als Schweine. Jedenfalls gehörte er zu der letzten Generation der Habsburger, die aus einer Verbindung zwischen Verwandten entstand.

Kapitel 3
DIE SCHOKO-LADENSEITE DER KÖNIGIN

Elisabeth I., Königin von England, wurde für ihre Strenge gefürchtet und für ihre unvergängliche Schönheit bewundert. Das Bild, das wir heute von ihr kennen, ist kein Zufall. In ihrer Regentschaft war die Porträtmalerei eng mit ihrem Herrschaftsstil verknüpft. Über hundert Gemälde von Elisabeth in verschiedenen Lebensphasen sind bis heute erhalten geblieben. Als charismatische Führerin und Autoritätsperson war sie sich der Bedeutung ihres äußeren Erscheinungsbildes vollkommen bewusst. Elisabeth beherrschte die Kunst der Propaganda und nutzte die Kunst für ihre Propaganda.

Elisabeth wurde am 7. September 1533 als einziges Kind von Heinrich VIII. und Anne Boleyn geboren. Obwohl sie zu diesem Zeitpunkt offiziell als Erbin des Königs galt, war dies nur eine Formalität. Heinrich hoffte auf einen Sohn und hatte seine erste Ehe mit Katharina von Aragón nach fast fünfundzwanzig Jahren annullieren lassen. Katharina war die Witwe von Heinrichs Bruder, Heinrich VII., der kurz nach der Hochzeit verstorben war. Die Entscheidung, seine Schwägerin zu heiraten, war eine diplomatische Maßnahme, um die Beziehungen zum katholischen spanischen Königshaus zu festigen. Katharina gebar jedoch nur eine Tochter, Maria Tudor. Heinrich hatte während dieser Zeit Affären mit verschiedenen Mätressen, darunter auch Anne Boleyn, die schließlich schwanger wurde. Er hatte große Hoffnung darauf, dass Anne ihm einen männlichen Erben gebären würde, da er dringend einen männlichen Nachfolger brauchte, um die Thronfolge zu sichern. Da ihre Beziehung jedoch inoffiziell war, konnte dieser imaginierte Sohn nicht als legitimer Thronfolger anerkannt werden. Eine Heirat mit der noch schwangeren Anne hätte dieses Problem gelöst, wäre da nicht ein anderes, noch größeres Problem gewesen: Heinrich war immer noch mit Katharina verheiratet. Der Papst lehnte die Annullierung der Ehe ab. Daher beschloss Heinrich, sich von der römisch-katholischen Kirche zu trennen und seine eigene Anglikanische Kirche zu gründen. Die Anglikanische Kirche wird allgemein als protestantisch angesehen, die die päpstliche Autorität ablehnt und den englischen Monarchen respektive die englische Monarchin als Oberhaupt der Kirche anerkennt. Da Heinrich nun seine eigene Kirche hatte und ihr Chef war, war er ermächtigt, seine Ehe selbst zu annullieren. Seine Tochter Maria wurde für illegitim erklärt. Ironischerweise sollte gerade sie später Königin werden.

EHEN, ERBINNEN UND ENDLOSE ANSTRENGUNGEN FÜR EINEN THRONFOLGER

Was zunächst nach einer pragmatischen Entscheidung oder sogar einer Trotzreaktion klingt, sollte sich als folgenreich erweisen. Der Bruch mit der römisch-katholischen Kirche und die Etablierung der Anglikanischen Kirche hatten weitreichende Auswirkungen auf die englische Gesellschaft. Die konfessionelle Spaltung zwischen Katholiken und Protestanten vertiefte sich, religiöse Spannungen bestimmten das politische und soziale Klima. Die Monarchen konnten ihre Autorität und Legitimität mit dem Argument der göttlichen Ernennung rechtfertigen. Die neue Staatskirche diente als Instrument der königlichen Macht und ermöglichte eine zentralisierte Kontrolle religiöser Angelegenheiten. Bis heute ist die Anglikanische Kirche die offizielle Staatskirche in England und Wales.

Für Heinrich VIII. und seine ursprüngliche Intention hat sich all der Aufwand nicht gelohnt. Anne brachte eine Tochter zur Welt und es sollten keine weiteren Kinder folgen. Heinrich hatte eine sehr ungeduldige und launische Natur. Seine anfängliche Euphorie verwandelte sich schnell in Überdrüssigkeit, ein Muster, das sich auch in den folgenden Ehen wiederholen sollte. Eine Annullierung der Ehe mit Anne Boleyn, mit so kleinem Abstand zur ersten annullierten Ehe, konnte er sich unter anderem aus Reputationsgründen nicht leisten, also musste eine andere Lösung her. Anne Boleyn wurde des Ehebruchs, des Hochverrats und der Inzucht bezichtigt. Gemeinsam mit fünf weiteren Angeklagten, unter ihnen auch ihr Bruder, mit dem sie mutmaßlich Inzucht betrieben hatte, wurde sie 1536 hingerichtet. Elisabeth war knapp drei Jahre alt. Es vergingen nicht einmal zwei Wochen zwischen der Hinrichtung und der neuen Eheschließung von Heinrich mit Jane Seymour. Sie war, wie auch ihre Vorgängerin, eine Hofdame Katharinas von Aragón gewesen. Noch im gleichen Jahr wurde sie schwanger, 1537 brachte sie den lang ersehnten Thronfolger Eduard Tudor zur Welt. Die erst 16-jährige Jane starb zwölf Tage nach der Geburt. Heinrich war zu diesem Zeitpunkt bereits 46 Jahre alt. Sein chronisch entzündetes Bein verursachte nicht nur einen üblen Geruch, sondern schränkte ihn auch in seiner Bewegung ein. Er wurde immer beleibter und sein gesundheitlicher Zustand verschlechterte sich zunehmend. 1540 wurde er von seinem Vertrauten Thomas Cromwell überredet, eine politisch motivierte Ehe mit dem vereinigten Herzogtum Jülich-Kleve-Berg einzugehen. Er konnte zwischen den Schwestern Prinzessin Anna und Prinzessin Amalia von Kleve wählen. Nachdem er ein Porträt von Anna, gemalt von seinem Hofmaler Hans Holbein, gesehen hatte, verliebte er sich in ihr gepinseltes Antlitz.

Ohne sie selbst jemals gesehen zu haben, unterschrieb er den Heiratsvertrag. Nichts Unübliches, Porträts waren wie eine Visitenkarte am Heiratsmarkt. Bei arrangierten Ehen trafen und begutachteten sich die Eheleute selten vorher. Als Anna von Kleve schließlich am Hof ankam, sah sie ganz anders aus. Es sollte sich herausstellen, dass Hans Holbein sie »schöner« gemalt hatte. Auch das war eine gewöhnliche Praxis, wie wir bereits in den vorherigen Kapiteln gehört haben. Auch Heinrich selbst hatte sich idealisiert porträtieren lassen. Seine Enttäuschung über Anna aber war so groß, dass er einfach nichts mit ihr anfangen konnte. Die Ehe soll auch nie vollzogen worden sein. Nach sechs Monaten Ehe hatte er genug und inzwischen auch eine neue Geliebte. Wieder stand eine Ehe im Weg. Diesmal konnte Heinrich das neue politische Bündnis nicht aufs Spiel setzen, sehr zur Freude von Anna. Die wollte nicht so enden wie Anne Boleyn, also fügte sie sich allen Bedingungen, und die Ehe wurde einvernehmlich annulliert. Hans Holbein fiel beim König in Ungnade. Zwar verlor er nicht seinen Job als Hofmaler, durfte aber keine Mitglieder der Königsfamilie mehr malen.

Heinrich hatte also bereits eine neue Auserwählte. Katherine Howard war die Cousine von Anne Boleyn, erst 15 Jahre alt, während ihr frisch vermählter Ehemann 49 Jahre auf dem Buckel hatte. Der Altersunterschied erklärt die unterschiedlichen Interessen und Lebensweisen. Sie war jung, aufgeweckt und amüsierte sich auf Festen, während er bereits in die Jahre gekommen war und mit etlichen gesundheitlichen Problemen zu kämpfen hatte. Schwanger wurde Katherine nicht. Das dürfte weniger an ihrer, sondern eher an Heinrichs eingeschränkter Reproduktionsfähigkeit gelegen haben. An der Fruchtbarkeit des Königs wagte aber niemand zu zweifeln. Katherines jugendliche Lebensfreude sollte ihr letztendlich zum Verhängnis werden. Ihr wurden zahlreiche Affären nachgesagt, der Ausgang war absehbar. Ein mutmaßlicher Verehrer wurde gehängt und gevierteilt, ein anderer enthauptet. Schließlich wurde auch Katherine wegen Hochverrats enthauptet.

Aller guten Dinge sind drei. Die sechste und letzte Gemahlin Heinrichs war ebenfalls eine Katherine. Katherine Parr, eine zweifache Witwe, war eigentlich in Thomas Seymour, den Bruder von Jane Seymour, verliebt. Heinrich schickte ihn ins Ausland, um ihre ungeteilte Aufmerksamkeit zu gewinnen. Er hatte großes Interesse an ihr, und da eine Frau einen König nicht einfach ablehnen konnte, heirateten sie im Jahr 1543. Zu dieser Zeit seines Lebens erwartete Heinrich wahrscheinlich keine weiteren Nachkommen mehr. Katherine war bereits über dreißig Jahre alt, und nach damaligem Verständnis waren ihre fruchtbarsten Tage vorüber. Auch Heinrich spürte, dass seine Tage gezählt waren. Er regelte seinen Nachlass und erlaubte Katherine sogar, nach seinem Tod erneut zu heiraten. Tatsächlich machte sie von dieser Erlaubnis Gebrauch und heiratete kurz nach Heinrichs Tod ihre wahre Liebe, Thomas Seymour. Von ihm wurde sie im Alter von 35 Jahren schwanger, was für große Verwunderung sorgte. Vielleicht war doch Heinrichs Unfruchtbarkeit all die Jahre der Grund für das Ausbleiben von Nachkommen gewesen. Heinrich VIII. starb schließlich am 28. Januar 1547.

Nach all den Turbulenzen und Unruhen, die Heinrich am Hof verursacht hatte, versuchte Katherine Parr, die Familie zu vereinen. Sie übernahm eine wichtige Rolle im Leben ihrer Stiefkinder Maria, Eduard und Elisabeth. Vor allem mit Elisabeth verbrachte sie viel Zeit. Sie lasen und studierten die Bibel in Latein und Griechisch. Diese Beschäftigung war quasi ein Äquivalent zum heutigen Filmeabend.

Die Familie von Heinrich VIII.

Obwohl sie nicht als legitim anerkannt wurde, lebte Elisabeth am Hof der Tudors. Sie erhielt eine erstklassige Bildung, trug die schönsten Kleider und wurde auf Porträts »Elisabeth, die Tochter des Königs« genannt. Es existieren nur wenige erhaltene Porträts von Elisabeth aus der Zeit vor ihrer Thronbesteigung. Ein Familienporträt, das um 1545 auf Anweisung Heinrichs in Auftrag gegeben worden war, zählt zu den frühesten bekannten Werken, auf denen Elisabeth zu sehen ist.

Das Werk soll die Kontinuität innerhalb der Tudor-Dynastie betonen. Im Mittelpunkt des Gemäldes sitzt Heinrich, seine rechte Hand hat er auf die Schulter des Thronerben, Prinz Eduard, gelegt. Neben dem König sitzt seine dritte Ehefrau Jane Seymour, die bereits verstorben war. Als Mutter des ersehnten männlichen Thronerben war ihre Präsenz von Bedeutung.

Das Gemälde sollte auf gewisse Weise ein harmonisches Familienleben widerspiegeln und die zahlreichen gescheiterten Ehen vergessen lassen. Obwohl weder Maria noch Elisabeth als legitim anerkannt wurden, waren sie dennoch wichtige Familienmitglieder und daher in dem Gruppenporträt abgebildet, wenn auch mit entsprechender Distanz. Sieht man genauer hin, erkennt man um Elisabeths Hals eine Kette mit einem Anhänger in Form des Buchstabens »A«. Dieser steht für Elisabeths Mutter Anne. Berühmt ist das Porträt von Anne Boleyn, auf dem sie auch einen Anhänger mit einem Anfangsbuchstaben trägt, »B« für Boleyn. In der ersten Hälfte des 16. Jahrhunderts waren solche Anhänger beliebte Schmuckstücke. Bis heute bleibt unklar, warum Elisabeth diese offensichtliche Anspielung auf ihre Mutter auf einem so offiziellen Gemälde wählte. Wählte sie das Accessoire aus einer spontanen Tageslaune heraus oder war ihr bewusst, welche bedeutende Reichweite die Symbolik auf ihre Zeitgenossen und die Nachwelt haben könnte?

PERSONELLE ROCHADEN AM THRON

Eduard VI. war ein kränklicher junger Mann. Im Alter von neun Jahren wurde er König und mit nur fünfzehn Jahren, im Jahr 1553, starb er, vermutlich an Tuberkulose. Nach dem Tod ihres Halbbruders bestieg Maria I. den englischen Thron und wurde zur ersten regierenden Königin Englands gekrönt. Die Vorstellung einer weiblichen Monarchin war in England beispiellos und äußerst unbeliebt. Ebenso unbeliebt war ihre Ehe mit Philipp II. von Spanien. Die Verbindung mit einem ausländischen Herrscher rief Misstrauen und Ablehnung in der Bevölkerung hervor. Die katholischen Spanier wurden als Bedrohung für die nationale Souveränität angesehen. Maria I. war für ihre strengen religiösen Ansichten bekannt und strebte eine Rückkehr Englands zum katholischen Glauben an. Während ihrer Herrschaft wurden protestantische Gläubige verfolgt, viele von ihnen wurden aufgrund ihrer religiösen Überzeugungen verhaftet, gefoltert oder hingerichtet. Dies verlieh ihr den Beinamen »Bloody Mary«. Ihre Bemühungen, den Einfluss des Protestantismus zurückzudrängen, waren erfolglos. Darüber hinaus scheiterte ihr Versuch, einen katholischen Erben zu bekommen. Sie starb am 17. November 1558 und es passierte das, was wohl niemand für möglich gehalten hatte. Eine zweite Frau, Elisabeth I., bestieg am 15. Januar 1559 den englischen Thron.

Elisabeth hatte unter der Herrschaft von Maria eine besonders unsichere und schwierige Zeit durchgemacht. Sie war beschuldigt worden, an Aufständen beteiligt gewesen zu sein, die auf den Sturz ihrer Halbschwester abzielten. Elisabeth war daraufhin im Tower of London inhaftiert worden, genau an dem Ort, an dem ihre Mutter Anne hingerichtet worden war. Ausgerechnet am Jahrestag der Hinrichtung ihrer Mutter war sie aus dem Tower wieder entlassen worden. Dies war Teil von Marias Psycho-Spielchen, die zweifellos einen prägenden Einfluss auf Elisabeth hatten.

In gewisser Weise konnte Elisabeth von den Fehlern

ihrer Schwester lernen und gleichzeitig von der Tatsache profitieren, dass es Maria als erster weiblicher Regentin gelungen war, das Eis zu brechen. Trotzdem musste sich auch Elisabeth mit Misstrauen und Vorurteilen auseinandersetzen. Eine der größten Herausforderungen bestand darin, ihre Autorität als Frau in einer von Männern dominierten Gesellschaft zu behaupten. Die ersten Jahre ihrer Regentschaft waren dominiert von der Frage, wann und vor allem wen die Königin heiraten würde. Die Königin brauchte anscheinend einen König, um überhaupt erst Königin sein zu können.

Die Ehen Heinrichs VIII. hatten vermutlich direkten Einfluss auf Elisabeth und ihr späteres Verhalten als Königin. Die »Virgin Queen« hat nie geheiratet. Dafür gab es mehrere Gründe. Ihre Beobachtungen, wie ihr Vater mit seinen Ehefrauen umgegangen war und welche Stellung Frauen in einer höfischen Ehe grundsätzlich hatten, könnten sie dazu bewogen haben, bereits im Alter von acht Jahren zu sagen: »Ich werde nie heiraten.«[1]

EINE FRAU SOLL KÖNIG SEIN

Gemäß den traditionellen Vorstellungen war es Aufgabe eines Königs, politische Entscheidungen zu treffen, Feldzüge zu organisieren und das Gesetz gerecht und fair durchzusetzen. Von einer Königin hingegen wurde erwartet, die Gemahlin des Königs zu sein und ihm männliche Nachkommen zu schenken. Nach dieser traditionellen Aufstellung war Elisabeths Position ein Paradox. Als Frau war sie qua Geschlecht rechtlich nicht befugt,

Gesetze zu verabschieden und zu vollstrecken, Schlachten anzuführen oder ein religiöses Amt zu bekleiden. Obwohl sie den Titel »Königin von Gottes Gnaden« trug, durfte sie das Wort Gottes nicht offiziell auslegen. Elisabeths Stellung als Protestantin und ihre unverheiratete Existenz führten in den ersten Jahren ihrer Herrschaft zu einer prekären Situation, da die katholische Maria von Schottland den englischen Thron beanspruchte. Sie muss über herausragende Eigenschaften und Fähigkeiten verfügt haben, um die gesellschaftlichen Strukturen trotzdem so zu durchbrechen, dass sie nicht nur als Königin, sondern auch als König akzeptiert wurde. Sie bewies, dass sie nicht heiraten musste, um zu regieren. Tatsächlich hatte sie nie die Absicht zu heiraten. Dennoch spielte sie das Spiel der Manipulation und ließ ihre Anhänger, insbesondere zu Beginn ihrer Regierungszeit, im Glauben, dass sie grundsätzlich am königlichen Heiratsmarkt »verfügbar« war. Aus diplomatischer Sicht war das sehr clever.

Das »Hampden Portrait« entstand in den frühen 1560er-Jahren. Es wurde zu einem Zeitpunkt ihrer Regentschaft gemalt, als Elisabeth eine der begehrenswertesten Junggesellinnen Europas war. Im Jahr 1559 gab es Gerüchte über eine Beziehung zu einem ihrer Favoriten, Robert Dudley. Favoriten der Königin waren Personen, die ihr besonders nahestanden und aufgrund ihrer Verdienste im Dienst der Krone die Aufmerksamkeit und Gunst der Königin gewonnen hatten. Sie erhielten Zugang zu wertvollen Ressourcen und Privilegien und nutzten ihre Position nicht nur zur Verfolgung persönlicher Interessen, sondern übten auch Einfluss auf politische Entscheidungen und die Ausrichtung der Regierungspolitik aus. Wie bereits erwähnt, war Robert Dudley einer der engsten Favoriten von Königin Elisabeth I., und einer der bekanntesten. Es gab Spekulationen über eine romantische Beziehung zwischen den beiden, obwohl sie nie heirateten. Nicht nur über die Jungfräulichkeit der Queen wurde hinter vorgehaltener Hand getuschelt, sondern auch über ihre Fruchtbarkeit. Es gab Vermutungen, dass sie möglicherweise keine eigenen Kinder bekommen konnte, was sie als Ehepartnerin für ausländische Prinzen uninteressant gemacht hätte. Das »Hampden Portrait« diente dazu, Elisabeth als attraktive und begehrenswerte Frau zu präsentieren. Dieses Bild wurde möglicherweise an Verehrer verschickt. Es zeigt sie in einer eleganten Pose, gekleidet in kostbarer Kleidung und mit königlichen Insignien. Die Darstellung sollte weniger ihre königliche Pracht als vielmehr ihre weibliche Anziehungskraft betonen, um über potenzielle Interessenten politische Allianzen zu ermöglichen.

Im Hintergrund sind Früchte zu sehen, die auf Fruchtbarkeit hinweisen sollen. Elisabeth hält einen Handschuh als Symbol ihrer Macht. Die Blumenkrone kann als Symbol der Reinheit und Keuschheit interpretiert werden. In nahezu allen Porträts der Königin wurde mit solchen und ähnlichen Symboliken gespielt.

Das »Phönix-Porträt« von Nicholas Hilliard verkörpert etwa die Tugenden der Keuschheit und Wiedergeburt. Das »Pelikan-Porträt« vermittelt eine ähnliche Botschaft. Wie der Phönix steht auch der Pelikan für Mutterschaft. In der kunsthistorischen christlichen Tradition wird angenommen, dass der Pelikan Blut aus sei-

Hampden Portrait

ner eigenen Brust nimmt, um seine Jungen zu ernähren. Dies kann als Symbol für die Liebe und Fürsorge Christi für die Gläubigen interpretiert werden. Die Darstellung von Elisabeth mit einem Pelikan sollte sie als selbstlose Mutter der Nation repräsentieren.

Fragen zu ihrer Jungfräulichkeit, zu Heiratsplänen oder der Reproduktionsfähigkeit wurden am Höhepunkt ihrer Regierungszeit nicht mehr geduldet, obwohl sie selbst weiterhin offensichtlich darauf anspielte. Die Präsenz eines Königs an ihrer Seite hätte sie sofort in den Schatten gestellt. Ein Nachfolger hätte ihr Leben bedroht und sowohl ihre Position als auch ihre Daseinsberechtigung angezweifelt. Spekulationen dieser Art hätten auch das Bild der absoluten Herrscherin in Frage gestellt, welches sie mühevoll zu vermitteln versuchte. Sie konnte den Gedanken nicht ertragen, von jemand anderem ersetzt zu werden. Die Angst vor Machtverlust und in Bedeutungslosigkeit zu fallen, begleitete sie ein Leben lang.

Im Jahr 1579 verbreitete John Stubbs eine Flugschrift, in der er eine mögliche Ehe zwischen Elisabeth und dem Herzog von Anjou, dem Erben des französischen Throns, thematisierte. Diese Veröffentlichung löste erhebliches Aufsehen aus. Die Reaktion der Königin war äußerst drastisch: John Stubbs wurde festgenommen und auf Befehl der Königin wurde ihm die rechte Hand abgehackt. Seinem Verleger wurde die gleiche Strafe auferlegt. Dieses drakonische Vorgehen gegen John Stubbs und seinen Verleger sollte als abschreckendes Beispiel dienen und verdeutlichen, dass Gerüchte und jegliche Kritik an ihren politischen Entscheidungen und Heiratsplänen nicht toleriert wurden.

DIE COMMUNITY DER »ELISABETHANER«

Die Gesellschaft war klar hierarchisch strukturiert. An ihrer Spitze befand sich die königliche Familie, gefolgt von Klerus, Adligen, Landbesitzern, Kaufleuten und Handwerkern. Die untersten Schichten bildeten die Bauernschaft und Landarbeiter*innen. Die Mehrheit der Bevölkerung war in der Landwirtschaft beschäftigt, die eine bedeutende Rolle für Nahrungsversorgung und Wirtschaft des Landes einnahm. In dieser Zeit erlebten Städte ein rasches Wachstum und wurden zu Handelszentren. Besonders London entwickelte sich enorm und avancierte zu einem bedeutenden Handelsplatz und kulturellen Zentrum. Die Elisabethanische Ära wird oft als das »Goldene Zeitalter« der englischen Literatur und des Theaters bezeichnet. Elisabeths Förderung in diesem Bereich trug maßgeblich zum Erfolg und zur Beliebtheit von William Shakespeare bei. Die Mode nahm eine bedeutende Rolle im Leben der elisabethanischen Oberschicht ein. Wenn wir von Modetrends dieser Zeit sprechen, müssen wir beachten, dass diesen nur von einem sehr geringen Bruchteil der Bevölkerung Folge geleistet wurden. Für die Bauernschaft waren ausladende Gewänder, aufwendiger Kopfschmuck und üppige Halskrausen nicht allein aus finanziellen Gründen unerschwinglich, sondern auch in der Praxis völlig ungeeignet für den Alltag. So wurde modische Kleidung zu einem Statussymbol, indem sie verdeutlichte, dass ihre Träger*innen keiner körperlichen Arbeit nachgehen mussten. Selbst

Kaufleute, die bessere finanzielle Möglichkeiten hatten, waren nicht in der Lage, sich solche Gewänder zuzulegen. Schon Elisabeths Vater, Heinrich VIII., hatte im Jahr 1510 ein Gesetz darüber erlassen, welche Kleidung von welchen Personen in der Öffentlichkeit getragen werden durfte und welche nicht. Einschränkende Gesetze wie dieses waren im Europa des 15. Jahrhunderts als Reaktion auf die aufstrebende Kaufmannsklasse besonders ausgeprägt, die zunehmend wohlhabender wurde und in ihrem Lebensstil immer mehr der Aristokratie ähnelte. Eine Angleichung oder gar Verschmelzung dieser beiden Klassen wollte man verhindern. Es ist aber unklar, wie streng Verstöße geahndet wurden. Im Allgemeinen kann man davon ausgehen, dass diejenigen, die sich den Luxus leisten konnten, eventuelle Geldstrafen oder Ermahnungen in Kauf nahmen. Auch innerhalb der Oberschicht durfte man nicht einfach so tragen, was man wollte. Gold- und Silberstoffe sowie Zobelpelze durften ausschließlich vom Hochadel getragen werden. Nicht selten führten die festgelegten Bekleidungsvorschriften dazu, dass Hofmitglieder in finanzielle Schwierigkeiten gerieten, weil sie sich gemäß ihrer Position entsprechend kleiden mussten und das ihr Budget überstieg.

In dieser Ära übernahm der englische Hof, ähnlich wie viele andere europäische Höfe, Elemente der spanischen Mode, passte sie jedoch an die eigenen Bedürfnisse an. Die spanische Hofetikette und -kleidung dienten als Inspiration. Die Kleidung war hochgeschlossen und bekannt für ihre strenge und düstere Farbpalette. Während Elisabeth I. regierte, erfuhr die Modewelt eine kreative Blüte. Die Farbpalette wurde lebendiger und die Schnittmuster wurden extravaganter. Die Frauen der Oberschicht hielten am Ausschnitt fest, der zu einem charakteristischen Merkmal der englischen Damenmode wurde. Die Silhouette wurde durch ausladende Röcke und ein ausgewogenes Verhältnis zwischen dem Kragen, den weiten, aufgeplusterten Ärmeln und dem schmalen Mieder aus Holz oder Fischbein in Szene gesetzt. Im Gegensatz dazu stand die spanische Tracht, die die Frömmigkeit der Trägerin betonte. Das Zeigen von nackten Armen und Beinen war verpönt. Ebenso das offene Dekolleté – allerdings nur für verheiratete Frauen. Unverheiratete Frauen durften ein freies Dekolleté tragen. Auch die Kleidung der elisabethanischen Herren ist aus heutiger Sicht durchaus extravagant. Strümpfe betonten, wie auch an anderen europäischen Höfen, stramme Beine und sorgten für die gewünschte Bewegungsfreiheit, was beim Reiten durchaus praktisch war. Darüber trug der Mann Kniehosen, die bis knapp unter die Oberschenkel reichten. Für Männer, Frauen und Kinder gleichermaßen bedeutend waren Halskrausen das Statement-Piece schlechthin. Diese Halskrausen waren oft aus steifem, imprägniertem Material wie Leinen oder Spitze gefertigt und umgaben den Hals der Trägerin oder des Trägers in einer auffälligen, gern weit ausladenden Form. Meterlanger Stoff wurde benötigt, der wie eine Ziehharmonika gefaltet wurde. Wer es richtig übertreiben wollte, trug diese Krausen auch um die Handgelenke. Beliebt waren sie bei der Oberschicht, aber auch bei wohlhabenden Landbewohner*innen, als Teil einer Tracht für besondere Anlässe. Nur das arbeitende Volk hatte dieses Accessoires nicht, aus den üblichen Gründen: zu teuer in der Anschaffung, zu aufwendig in der Reinigung und zu unpraktisch für die alltägliche Arbeit.

Die Kleidung reflektierte Unterschiede in der Gesellschaft. Die sozialen Schichten in dieser Zeit hatten aber auch Gemeinsamkeiten. Sie teilten sich beispielsweise eine gemeinsame Schwäche: Alle hatten nur begrenzte Möglichkeiten, sich vor Krankheiten zu schützen. In großen Städten wie London grassierten aufgrund unzureichender sanitärer Einrichtungen Krankheiten wie Pocken, Masern, Typhus und die Pest. Im Jahre 1562 erkrankte sogar Queen Elisabeth I. lebensbedrohlich an Pocken.

Die »Viersäftelehre«, ein Konzept aus der antiken medizinischen Theorie, war maßgeblich von Claudius Galenus von Pergamon geprägt worden und war lange Zeit der medizinische Konsens. Diese Lehre basierte auf der Vorstellung, dass der Gesundheitszustand einer Person von einem Gleichgewicht oder Ungleichgewicht von vier Hauptflüssigkeiten im Körper abhängt, den sogenannten vier Säften: Blut, gelbe Galle, schwarze Galle und Schleim. Die Viersäftelehre dominierte das frühneuzeitliche Europa als vorherrschendes medizinisches Denkmodell und wurde bis ins späte 17. Jahrhundert praktiziert. Die Menschen glaubten, dass Krankheiten durch das Ungleichgewicht der Säfte verursacht wurden und dieses Ungleichgewicht durch das Älterwerden entstand. Krankheiten wurden auch als göttliche Strafe betrachtet, und man war überzeugt davon, dass es durch verschmutzte Luft zu Ansteckungen kam. Die Behandlung bestand oft darin, das Ungleichgewicht der Säfte zu korrigieren, indem man beispielsweise bestimmte Diäten, Kräuter-Rezepturen, Dampfbäder oder Aderlass anwendete.

Entgegen der häufigen Annahme, dass die Menschen damals wenig Wert auf Hygiene legten, pflegten sie auf ihre Weise tatsächlich eine gewisse Sauberkeit. Morgens und abends wurden Hände und Gesicht gewaschen, während der restliche Körper bei Bedarf mit Leinentüchern gereinigt wurde. Man stellte sich vor, dass Wasser durch die geöffneten Poren Krankheiten übertragen könnte. Zudem stellte die Unverfügbarkeit von fließendem Wasser ein logistisches Problem dar. Fließendes Wasser war im Haus nicht vorhanden und das Erwärmen von Wasser hätte zusätzliche Kosten verursacht. Bauern und Menschen mit Tätigkeiten, die zwangsläufig eine tägliche Reinigung notwendig machten, badeten in Flüssen und Teichen. Wohlhabende Menschen, die durch ihre Arbeit nicht schmutzig wurden oder gar nicht arbeiteten, nahmen ebenfalls Bäder, allerdings weniger aus hygienischen Gründen als vielmehr auf der Basis medizinischer Überlegungen: um das Gleichgewicht der vier Säfte zu bewahren. Die Grundannahme lautete: Wer schmutzig ist, riecht unangenehm, und wer unangenehm riecht, verbreitet Krankheiten. Wer also über genügend finanzielle Mittel verfügte, erwarb Parfüms, die hauptsächlich in den Großstädten erhältlich waren. Zu den angebotenen Duftnoten zählten unter anderem Ambra, Moschus und Zibet. Günstigere Alternativen waren Lavendel oder andere duftende Blumen und Kräuter.

Die medizinische Versorgung war eingeschränkt und das Verständnis von Gesundheit, Krankheit und Hygiene wich stark von heutigen Vorstellungen ab. Dafür verfügten die Elisabethaner*innen zumindest theoretisch über Toilettenspülungen. Die Grundlage für die moderne Toilettenspülung, wie wir sie heute kennen, wurde von Sir John Harington gelegt. Er war ein englischer Schriftsteller und Höfling am Hof von Königin Elisabeth I. Im Jahr 1596 veröffentlichte er seine Idee für die Toilettenspülung in dem Buch »A New Discourse of a Stale Subject, Called the Metamorphosis of Ajax«. Allerdings wurde Haringtons Konzept von seinen Zeitgenossen eher als Scherz aufgefasst. Die Erfindung fand zunächst keine ernsthafte Anerkennung. Die eigentliche Entwicklung und Verbreitung der Toilettenspülung benötigte noch einige Zeit. Erst gegen Ende des 18. Jahrhunderts wurde ein Patent für ein Wasserklosett angemeldet. Im Verlauf des 19. Jahrhunderts entstanden verschiedene Varianten der Toilettenspülung, die in Badezimmern heute noch üblich ist.

MUTTER DER NATION

Das Wohl der Nation hatte für Elisabeth die oberste Priorität, und das zeigte sie auch. In einem ihrer Porträts steht sie stolz auf einer Karte von England, um ihr Land zu schützen und mit königlicher Gunst zu segnen. England ist territorial von Kontinentaleuropa abgeschnitten. Auch in religiöser Hinsicht ist es unabhängig, dank dem Alleingang von Heinrich VIII. und Bruch mit Rom. Auch politisch war es zur Zeit von Elisabeth autonom, da keine Mitglieder anderer europäischer Königshäuser dessen Souveränität hätten gefährden können. Elisabeths Vater, Heinrich VIII., hatte überwiegend englische Vorfahren und ihre Mutter Anne Boleyn war durch und durch Engländerin. Bei Maria, ihrer Vorgängerin auf dem Thron, war das anders gewesen, da deren Mutter Katharina von Aragón ebenso wie ihr Vater aus Kastilien stammten. Diese Umstände fütterten den englischen Nationalstolz, ein nicht unwesentlicher Teil der Bevölkerung war stolz auf ihre englische Königin. Sie gehörte jedenfalls zu jenen Regent*innen, die die Öffentlichkeit suchten. Sie unternahm gerne lange Reisen in entlegene Gebiete, begleitet von einer prächtigen Prozession königlicher Kutschen und berittener Gefolgschaft. Sie liebte das Landleben, wollte sehen, aber vor allem auch gesehen werden. In die Gebiete, die von katholischen Adeligen besiedelt waren, reiste sie allerdings nie. Elisabeth wurde mit einem göttlichen Wesen verglichen. Sie schien unnahbar zu sein, doch zugleich strahlte sie Nähe zum Volk aus. Vom Volk wurde sie geliebt und gehasst. Ihr Patensohn Sir John Harington beschrieb sie nach ihrem Tod mit folgenden Worten:

»Wenn sie lächelt, ist sie eine strahlende Sonne, und jeder sucht sich nach ihr zu wärmen, aber plötzlich ziehen Wolken auf, das Gewitter bricht los, und der Blitz zuckte auf ausnahmslos alle hernieder.«[2]

In der Elisabethanischen Ära gab es zahlreiche Möglichkeiten, auf ein Konterfei von Elisabeth I. zu stoßen. Sie förderte die Produktion von Porträts und Miniaturen, die aber ihren Vorgaben entsprechen mussten. Heute sind nur wenige Exemplare von Tausenden erhalten geblieben, die im Umlauf waren. Die meisten Gemälde und Drucke sind im Laufe der Zeit verschwunden oder vernichtet worden. Seit den 1560er-Jahren waren auch Münzen mit dem Profilporträt der Königin weit verbreitet. Gemalte und gedruckte Porträts der Königin hingen nicht nur in Adelshäusern. Sie waren auch in Universitäten und Zunfthäusern zu finden und schmückten die Wände des Bürgertums. Selbst Geistliche waren stolze Besitzer eines Porträts der Königin. Damit äußerte man die Wertschätzung und Unterstützung für die Monarchie. Es entstand eine Art Verbundenheit mit der Königin.

Die Frage der Religion war ein wichtiger Aspekt des Gemeinschaftslebens in dieser Zeit. Die Königin setzte den anglikanischen Glauben als Staatsreligion durch, was zu religiösen Konflikten führte. Die Puritaner und Katholiken hassten sie. Es kam immer wieder zu Aufständen und Verschwörungen. Gerüchte über eine vorgetäuschte Jungfräulichkeit und angebliche uneheliche Kinder verbreiteten sich. Elisabeth reagierte mit Haftstrafen und Hinrichtungen. Mit den strategisch gewählten Arten von Selbstdarstellung auf den Porträts versuchte sie weiterhin, auf bestimmte Umstände zu reagieren und ihren Gegner*innen den Wind aus den Segeln zu nehmen. Apropos Wind und Segel: Die Hinrichtung von Maria Stuart im Jahr 1587, nach 19 Jahren Gefangenschaft unter Elisabeth, löste eine starke Reaktion im katholischen Europa aus. Philipp II. von Spanien entsandte eine Flotte von 130 Schiffen, die berüchtigte Armada, um England anzugreifen.

Vor ihren Truppen in Tilbury hielt Elisabeth eine mitreißende Rede, in der sie ihre Soldaten zum Kampf aufrief: »Ich weiß, dass ich zwar den Leib eines schwachen, kraftlosen Weibes habe, dafür aber Herz und Mark eines Königs, noch dazu eines Königs von England.«[3] In vielerlei Hinsicht wird Elisabeths Herrschaft mit dem Sieg über die spanische Armada gleichgesetzt, obwohl der Erfolg hauptsächlich dem englischen Wetter zu verdanken war. Dieses Ereignis markierte einen äußerst entscheidenden Punkt in Elisabeths Regentschaft, da die spanische Armada die bis dato größte Bedrohung gewesen war.

Auf dem »Armada-Porträt« posiert sie triumphierend über der Vernichtung der spanischen Armada. Der Wahrnehmung ihrer Weiblichkeit und Vorstellung von ihrem vermeintlich schwachen und fragilen Körper wird durch prunkvolle Kleidung, aufrechte Haltung und einem starren Blick entgegenzuwirken versucht. Sie ist auf diesem Bild die Personifizierung von Macht. Eine der herausforderndsten Aufgaben von Monarch*innen bestand darin, anderen zu vermitteln, dass man als scheinbar gewöhnlicher Mensch trotzdem allen anderen überlegen war. Genau das schaffte Elisabeth mit diesem Porträt.

Beim Betrachten des Bildes fallen die zahlreichen Perlen auf. Sie sind überall. Eingearbeitet in ihrem Haar, als Kette um ihren Hals, auf ihr Kleid gestickt, das fast schon wie eine Rüstung wirkt. Perlen sind ein klassisches Symbol für Reinheit und Jungfräulichkeit. Dass die größte Perle an jener Stelle positioniert ist, wo sich ihr Intimbereich befindet, beweist, dass Elisabeth das Motiv der Perlen gezielt einsetzte, um eine konkrete Botschaft zu vermitteln.

Armada Portrait

Dünne rosa Schleifchen komplettieren die Szenerie. Sie hält ihre rechte Hand auf dem Globus, ihr Finger liegt auf Virginia in den Vereinigten Staaten von Amerika, das zu Ehren der jungfräulichen Königin benannt wurde. 1584 wurde die erste englische Kolonie in der »Neuen Welt« – Roanoke in Nordamerika – besiedelt. Das britische Kolonialreich war unter Elisabeth I. noch in den Anfängen. Sie förderte aber die Erkundung der nordamerikanischen Küste und sandte Expeditionen wie die von Sir Francis Drake aus, die dazu beitrugen, den Anspruch Englands auf Teile des nordamerikanischen Kontinents zu festigen. Sie gab ihm eine auf sechs Jahre befristete Erlaubnis und königliche Vollmacht, alle Länder, die sich noch nicht unter christlicher Herrschaft befanden, zu erkunden und in ihrer Vertretung unter Besitz zu nehmen.

Im Hintergrund sind zwei Szenen als Bilder im Bild zu sehen. Rechts werden Schiffe von den Wellen hin und her geworfen. Links gleiten englische Schiffe über ruhiges Wasser. Ein ruhiges Leben, Frieden und Wohlstand für das englische Volk, im Gegensatz zu den turbulenten Ereignissen im katholischen Europa, von denen sich Elisabeth distanzierte.

Neben Elisabeth ist eine Meerjungfrau dargestellt. Die mythologische Figur der Meerjungfrau trieb mit ihrem verführerischen Gesang naive Segler in die Tiefen des Meeres. Eine direkte Anspielung auf den Triumph Englands über das naive, in Versuchung geratene katholische Spanien. Das Gemälde vermittelt seine Botschaft von Elisabeths Allmacht, indem es verschiedene Allegorien verwendet. Allegorien sind symbolische Darstellungen, bei denen abstrakte Konzepte oder Ideen durch konkrete Symbole oder Figuren verkörpert werden. Das »Regenbogen-Porträt« ist auch ein gutes Beispiel für Elisabeths Inszenierung als allmächtige Herrscherin. Die lateinische Inschrift im Hintergrund sagt, dass es ohne Sonne keinen Regenbogen geben kann. Elisabeth ist also die Sonne, der strahlende Mittelpunkt, und hält den Regenbogen in der Hand.

Sie ist dabei nicht »nur« diejenige, die alles überstrahlt, sondern auch diejenige, die alles sieht und hört. Ihr Kleid ist bestickt mit zahlreichen Augen, Lippen und Ohren. Damit teilte sie mit, dass ihr nichts entging, und zu einem gewissen Maß dürfte das auch gestimmt haben, denn ihre Regierung war für das ausgefuchste Spionagesystem bekannt. Die Schlange auf ihrem Ärmel kann auch nicht übersehen werden. Die Schlange galt als listiges und kluges Geschöpf. In der Kombination mit den Weisheit symbolisierenden Juwelen sollte möglicherweise vermittelt werden, dass Elisabeth in der Lage war, politische Intrigen zu durchschauen.

DER KAMPF UM EWIGE JUGEND UND SCHÖNHEIT

Das »Regenbogen-Porträt« entstand, als sie bereits über 60 Jahre alt war. Sie wirkt erstaunlich jugendlich, ohne eine einzige Falte, ohne ein einziges graues Haar. Jugend und Schönheit galten lange Zeit als die herausragenden Merkmale einer Frau.

Die damit verbundenen Eigenschaften wurden direkt mit ihrer Pflicht und Fähigkeit zur Fortpflanzung in Verbindung gebracht. Obwohl Elisabeth versuchte, sich als jungfräuliche Königin über diese Konventionen hinwegzusetzen und der Fokus ihrer Darstellungen weniger auf ihrem Gesicht oder ihrer Weiblichkeit als vielmehr auf der Inszenierung der Monarchie lag, fühlte sie sich als Frau im Laufe der Jahre immer unsicherer. Sie strebte danach, nicht nur den gesellschaftlichen Erwartungen gerecht zu werden, sondern diese auch zu übertreffen, indem sie ihre eigenen Schönheitsstandards definierte. Es ist zu beobachten, dass der Schönheitsimperativ heute stärker denn je, vor allem in den sozialen Medien, eine bedeutende Rolle spielt. Sowohl Frauen als auch Männer sehen sich den gesellschaftlichen Erwartungen ausgesetzt, ein makelloses und jugendliches Erscheinungsbild zu bewahren oder zumindest den Versuch zu

The Rainbow Portrait of Queen Elisabeth I.

unternehmen, einem unrealistischen Standard näherzukommen. Das öffentlich gelebte Leben von Influencer*innen, ihre perfekt inszenierten und bearbeiteten Bilder sowie ihr sorgfältig kuratierter Alltag bauen Druck auf.

Viele Frauen versuchten, Elisabeths leuchtend rotes Haar durch die Verwendung aggressiver Farbstoffe nachzuahmen. Selbst die schwarzen Zähne, die sie im Laufe der Jahre aufgrund ihrer Vorliebe für Süßigkeiten bekam, wurden von Frauen imitiert, indem sie ihre eigenen Zähne schwarz färbten. Das farblose Gesicht, das wir heute sehen, ist eine Illusion. Im Laufe der Zeit ist die Farbe ihres Gesichts, wie viele andere leuchtende Farben auf Gemälden, verblasst. Auch die blauen Adern, die sich Elisabeth auf die Stirn und den Hals malen ließ, um ihr »blaues Blut« zu betonen, sind kaum noch erkennbar. Die Augenbrauen waren hingegen nie vorhanden gewesen. Frauen zupften seit Generationen ihren Haaransatz zurück oder entfernten ihre Augenbrauen und Wimpern, um ihre Stirn zu betonen.

Elisabeth war tatsächlich sehr eitel. Wer ihre Gunst gewinnen wollte, überhäufte sie mit Komplimenten über ihr Äußeres. Besonders die Hände mit den schlanken, langen Fingern liebte sie an sich selbst. Stets bemühte sie sich, ihre Hände zu betonen und in den Mittelpunkt zu rücken. Auf all ihren Gemälden, die ihren Körper abbildeten, waren ihre Hände in Posen gebracht. Die Königin trug häufig Handschuhe, was mehrere Gründe hatte: Zum einen war es in höfischen Kreisen üblich, Handschuhe zu tragen, um die Hygiene zu wahren und die Hände vor Verschmutzung zu schützen. Zum anderen hatten Handschuhe auch eine symbolische Bedeutung und dienten dazu, die Hände der Königin als Besonderheit darzustellen. Wenn Höflinge kamen, um ihre Ehrerbietung zu erweisen, zog sie ihre Handschuhe aus und reichte ihnen ihre nackte Hand zum Küssen. Dies wurde als Zeichen besonderer Gunst und Anerkennung betrachtet.

Letztendlich hatte auch Elisabeth Schwierigkeiten, den

Schönheitsstandards zu entsprechen, die sie selbst gesetzt hatte. Aufgrund des giftigen, bleihaltigen Make-ups, das sie zur Aufhellung ihres Teints und zur Abdeckung ihrer Pockennarben verwendet hatte, verlor sie ihr Haar und begann, aufwendige Perücken zu tragen, um ihre Glatzenbildung zu verbergen. Das giftige Make-up aus Bleiweiß hinterließ darüber hinaus eine ledrige Textur auf ihrem Gesicht. Auf den Gemälden finden sich jedoch keine Spuren dieser Makel und keine Anzeichen natürlicher Alterung.

Im Laufe ihres Lebens hat Elisabeth nur für eine Handvoll Künstler Modell gesessen. Um der großen Nachfrage an Porträts gerecht zu werden, wurden offiziell genehmigte Vorlagen verwendet. Diese Vorlagen wurden basierend auf beliebten Porträts aus ihrer frühen Regierungszeit erstellt, als sie noch sehr jung war. Ein Beispiel dafür ist das »Darnley-Porträt« aus dem Jahr 1575, das über einen Zeitraum von 15 Jahren als Vorlage verwendet wurde. Elisabeths Gesichtszüge blieben also über Jahre konstant jugendlich, obwohl sie zu unterschiedlichen Zeitpunkten im Alter zwischen vierzig bis sechzig Jahren dargestellt wurde. Für viele Gemälde dienten Hofdamen als Modelle, während die Gewänder entsprechend den Berichten des königlichen Kleiderschranks gestaltet wurden. Das Gesicht wurde dann quasi mittels Copy-Paste-Verfahren in die Porträts integriert. Jedes Porträt musste grundsätzlich von einem königlichen Beamten genehmigt werden. Das entspricht einer Art Zensur. Bilder, die der Qualitätskontrolle nicht standhielten, wurden verbrannt, bevor sie von der Öffentlichkeit gesehen werden konnten.

Am 24. März 1603 starb Elisabeth I., die »Virgin Queen«, und damit endete die Tudor-Dynastie. Es ist bemerkenswert, dass ausgerechnet sie, eine illegitime Tochter, die niemals nur in die Nähe des Thrones hätte kommen sollen, das Ende der Tudor-Dynastie personifizierte. Es ist Ironie des Schicksals oder vielleicht eine passende Art, sich bei einem Vater wie Heinrich VIII. zu »bedanken«, indem durch Verweigerung von Ehe und Ausbleiben von männlichen Nachkommen eine Ära beendet wurde. Nach ihrem Tod erschien eine Welle an neuen Porträts, die nun keiner strengen Zensur mehr unterlagen. Sie zeigten die Königin, wie sie in ihren letzten Jahren tatsächlich ausgesehen hatte, die Haare ausgefallen und unter einer Perücke versteckt, die Zähne verfault, das Gesicht ihrem Alter entsprechend mit Falten bedeckt. Sie zeigen die Vergänglichkeit einer Monarchin, die sich allmächtig präsentiert hatte. Die Selbstinszenierung Elisabeths war nicht zuletzt auch ein Zeugnis dessen, welchen Mehraufwand und welchen persönlichen Preis eine weibliche Regentin aufbringen musste, um sich über die konventionellen Geschlechterrollen hinwegzusetzen, um ihre Position zu rechtfertigen.

Kapitel 4

SELFIE MIT DEM SONNENKÖNIG

Lange bevor Instagram, YouTube und TikTok unsere Bildschirme eroberten, gab es einen Ort, an dem eine der größten Influencer-Inszenierungen der Geschichte stattfand – das prächtige Schloss Versailles. Es war die Bühne des »Sonnenkönigs«, Ludwig XIV., der das Spiel der Selbstdarstellung und Machtdemonstration so meisterhaft beherrschte wie kaum ein anderer. Sein Hofstaat – seine »Follower«, waren ihm treu ergeben, sie hätten alles für ein Selfie mit dem Sonnenkönig getan.

Gelegenheiten gab es viele, denn Ludwig XIV. lebte ein öffentliches Leben ohne jegliche Privatsphäre. Unser heutiges umfangreiches Wissen über den »Sonnenkönig« verdanken wir der Tatsache, dass er jede erdenkliche Lebenssituation mit seinen Followern teilte. Man kann sich vorstellen, wie sehr er sich über die Story-Funktion der sozialen Medien gefreut hätte. Seine Follower waren mittendrin statt nur dabei, und das war die größte Ehre, die man ihnen erweisen konnte. Ihr Verhältnis und Verhalten zum König und untereinander spielte eine entscheidende Rolle in einer Ära des

Glanzes und der Glorie und machte Versailles zu einer wahren Influencer-Hochburg und zum Vorbild der Noblesse.

GEBOREN, UM EIN KÖNIG ZU SEIN

Am 5. September 1638 wurde Ludwig XIV., der älteste Sohn von König Ludwig XIII. von Frankreich und Königin Anna von Österreich, im Schloss Saint-Germain-en-Laye in der Nähe von Paris geboren. Seine Ankunft auf der Welt war von großer Bedeutung, da er als Thronfolger die Kontinuität der königlichen Linie sicherte und die Erwartungen an einen starken und erfolgreichen Herrscher weckte. Bereits von Geburt an schien er diesen Erwartungen gerecht zu werden. Es wird berichtet, dass er bei seiner Geburt eine stattliche Größe hatte und sogar schon Zähne besaß. Letzteres ist tatsächlich ein seltenes Phänomen, das heute als »dens connatus« (franz.: angeborener Zahn) bekannt ist und umgangssprachlich auch als »Hexenzahn« bezeichnet wird. Es handelt sich dabei um eine Laune der Natur, der heutzutage nur wenig Bedeutung beigemessen wird. Doch damals interpretierte man es als Zeichen dafür, dass Ludwig XIV. von Natur aus außergewöhnlich war. Interessanterweise gibt es noch eine weitere historische Persönlichkeit, Kaiserin Elisabeth von Österreich-Ungarn, die ebenfalls mit einem angeborenen Zahn zur Welt kam.

Die Erziehung des jungen Ludwig durch seine Mutter und Kardinal Jules Mazarin legte den Grundstein für seine zukünftige Herrschaft. Sie vermittelten ihm nicht nur das Wissen und die Fähigkeiten, die ein König benötigte, sondern auch das Selbstverständnis als auserwählter, »von Gott bestimmter« Herrscher.

Nach dem Tod von König Ludwig XIII. im Jahr 1643 bestieg der junge Ludwig im Alter von nur vier Jahren den Thron. Da er zu jung war, um selbst zu regieren, übernahm seine Mutter die Regentschaft, in Wirklichkeit wurden die Fäden aber von Kardinal Mazarin gezogen, der von Anna zum regierenden Minister ernannt wurde. Er setzte die Regierung seines Vorgängers fort und machte seinen Job so gut, dass er sich zum gefürchtetsten und reichsten Mann Frankreichs machte. Nach dem Tod Mazarins übernahm Ludwig XIV. mit 22 Jahren die alleinige, absolute Kontrolle.

Während seiner Jugend musste Ludwig XIV. die turbulenten Zeiten der »Fronde« erleben, einer bedeutenden politischen Krise und Bürgerkriegsperiode in Frankreich, die von 1648 bis 1653 andauerte. Der französische Begriff Fronde, was Steinschleuder oder Schleuder bedeutet, wurde metaphorisch verwendet, um die aufständischen Kräfte zu beschreiben, die gegen die königliche Autorität rebellierten. Die Fronde hatte ihren Ursprung in politischen, sozialen und wirtschaftlichen Unruhen im Land. Die wachsende Unzufriedenheit in der Bevölkerung, insbesondere im Adel, führte zu zahlreichen militärischen Auseinandersetzungen zwischen den königlichen Truppen und den aufständischen Fraktionen. Die Kämpfe verursachten Zerstörung und noch mehr Hunger und Leiden für die Bevölkerung, vor allem in Paris. Die Erfahrungen während der Fronde prägten Ludwig XIV. so sehr, dass er jede zukünftige Bedrohung oder Einschränkung seiner Macht zu verhindern versuchte.

In den folgenden Jahren setzte Ludwig XIV. konsequent auf die Zentralisierung der Regierungsgeschäfte, um seine königliche Autorität zu stärken. Zunächst löste er den Adel von sämtlichen staatlichen Funktionen. Traditionell verfügte die französische Aristokratie über viel politische Macht, zu viel für Ludwigs Geschmack. Sie herrschte über ihr Land wie inoffizielle Könige, und weil Frankreich so groß war, war es nicht möglich, ihre Machenschaften zu überwachen oder gar zu kontrollieren. Nach dem gleichen Prinzip ging er beim Militär vor. Er ersetzte alle Generäle und gründete ein stehendes Heer mit Hunderttausenden Soldaten, die für seine Dienste jederzeit zur Verfügung standen. So schuf er die größte Armee auf dem europäischen Kontinent. Der Ausbau der Kriegsflotte machte Frankreich zur drittstärksten Seemacht Europas. Dass auch die Kirche dem von Gott gegebenen Herrscher unterwürfig war, dürfte klar sein. Auch dürfte klar sein, dass der komplette Regierungsapparat, die militärischen Feldzüge und die royale Repräsentation enorme Staatsausgaben verursachten. Um die immensen Staatsausgaben zu decken, wurden Bürger und Bauern zu Steuern und Abgaben verpflichtet und Ludwig führte den Merkantilismus ein, eine Wirtschaftsform, die darauf abzielte, den Reichtum des Staates zu steigern. Theoretisch sollte dies durch eine Verbesserung der Handelsbilanz erreicht werden. Im Wesentlichen wurde der Handel kontrolliert, indem der Import von Waren und Gütern durch Einfuhrquoten und Zölle eingeschränkt wurde. Diejenigen, die sich nicht daran hielten, mussten mit hohen Geldstrafen rechnen. Ziel war es, möglichst viel im eigenen Land mit eigenen Ressourcen zu produzieren und die Waren bzw. Produkte an andere Länder zu verkaufen. Allerdings waren die Verbraucher*innen die Leidtragenden dieser restriktiven Handelspolitik. Durch die Einschränkung des Imports wurden importierte Waren teurer und weniger verfügbar, was die Verbraucher*innen belastete. Zudem führte die Konzentration auf die Produktion von Exportgütern oft dazu, dass die einheimische Nachfrage nach bestimmten Produkten nicht ausreichend gedeckt werden konnte. Dies hatte ebenso Auswirkungen auf die Verfügbarkeit und den Preis von Gütern im Inland, was wiederum die Verbraucher*innen benachteiligte. Auch die kolonialisierten Gebiete waren von diesen Handelsbeschränkungen betroffen. Sie waren gezwungen, ihre Rohstoffe zu niedrigen Preisen an das »Mutterland« zu verkaufen und im Gegenzug teure Waren aus Frankreich zu beziehen, um ihren eigenen Bedarf zu decken. Dadurch entstand ein Teufelskreis aus wirtschaftlicher Abhängigkeit und Ausbeutung.

Eigentlich hätte Ludwig XIV. an diesem Punkt aufhören können, da er bereits mehr erreicht hatte als viele seiner Zeitgenossen.

Doch das lag nicht in seiner Natur. Er bestimmte einen Ort, der zum Zentrum seiner Macht werden sollte, ein Ort, an dem er sich selbst als das Zentrum Frankreichs glorifizieren konnte: das Schloss Versailles.

DIE SONNE GEHT AUF

Um das bisher Gesagte und alles, was in diesem Kapitel noch kommen wird, ansatzweise nachvollziehen zu können, ist es wichtig, das Denken und die Einstellung Ludwigs XIV. zu verstehen. Er hatte ein unerschütterliches Vertrauen in seine angeborene, von Gott gegebene Position. Seine Rolle als Herrscher diente vor allem dem Fortbestand seines Adelsgeschlechtes, der Bourbonen. Das konnte in weiterer Folge, nach seiner Logik, nur von Vorteil für das Land sein. Als Monarch, der nicht vom Volk gewählt wurde, musste Ludwig XIV. seine Rolle durch politische, wirtschaftliche und militärische Erfolge legitimieren und verteidigen. Ludwig verwendete die gängigste Methode, um seine Herrschaft und seine Ideen anschaulich zu machen und zu propagieren – die allegorische Darstellung auf Gemälden. In den zahllosen Kunstwerken, die Ludwig XIV. in Auftrag gab, ließ er sich beispielsweise als mythologische Gottheit oder als römischer Kaiser darstellen, um seinen Herrschaftsanspruch zu unterstreichen und sich mit den großen Herrschern der Vergangenheit gleichzusetzen. Auf diesen Gemälden war er mit einer Fülle von Requisiten ausgestattet, darunter Reichsapfel, Zepter, Schwerter, Pferde und Kriegswagen. Diese allegorisch verwendeten Requisiten hatten den Zweck, Ludwig XIV., als einen unübertroffenen König darzustellen, der von göttlicher Gunst gesegnet war und dessen Herrschaft von Erfolg und Glanz geprägt war. Durch solche Gemälde verstärkte er sein Image als mächtiger und unantastbarer Monarch.

Dennoch stellt sich die Frage, wie dies mit der Tatsache in Einklang gebracht werden kann, dass der König nicht davor zurückschreckte, vor einer Menschenmenge auf dem Toilettenstuhl Platz zu nehmen. War es nicht kontraproduktiv, sich als König so »natürlich« und »nahbar« zu zeigen, war er doch so majestätisch und überlegen? Tatsächlich waren selbst der »öffentliche« Toilettengang und das Entblößen vor einer Menschenmenge eine Demonstration von Überlegenheit. Ludwig XIV. kommunizierte damit, dass er sich über gesellschaftliche Konventionen wie Scham, Nacktheit und Schande hinwegsetzen konnte. Er drehte den Spieß um und konstruierte für die Untertanen ein Privileg daraus, dem König so nah sein zu dürfen.

Die Sonne wurde auf seinen Porträtgemälden immer dargestellt, weil Ludwig sich am häufigsten mit der mythologischen Figur Apollo identifizierte, die in der antiken Mythologie durch die Sonne symbolisiert wurde. In der Zeit des Barocks, während der Herrschaft Ludwigs XIV., war die antike Mythologie eine bedeutende Inspirationsquelle für Kunst und Kultur. Apollo, Gott des Lichts, der Musik und der Schönheit, verkörperte die Ideale von Kreativität und Erhabenheit, die auch Ludwig in seiner Herrschaft repräsentieren wollte. Obwohl er nicht der erste Monarch war, der diese Sonnen-Symbolik in seinen Darstellungen verwendete, gelang es ihm als Einzigem, sie mit seiner eigenen Ikonografie zu verschmelzen. Die Sonne wurde zu seinem unverwechselbaren Markenzeichen. Wenn von »dem« Sonnenkönig gesprochen wird, wissen die meisten Menschen, von welcher historischen Person die Rede ist. Seinen be-

Ludwig XIV. als »Sonne« im Ballet de la nuit

rühmten Spitznamen verdankt er einem Auftritt bei der Uraufführung des »Ballet de la nuit« im Jahr 1653. Ludwig war ein leidenschaftlicher Balletttänzer, sein außerordentliches Talent demonstrierte er gerne bei höfischen Festen. Das Stück war aber mehr als ein barockes Spektakel. Es war ein Teil von Ludwigs Propaganda, der zu diesem Zeitpunkt gerade einmal 15 Jahre alt war. Das Ballett wurde bei Sonnenuntergang eröffnet und dauerte bis zum Morgen. Ludwig tanzte selbstverständlich die Hauptrolle der Aurora und der Sonne: Er bekämpft die Dunkelheit und erstrahlt als Sonne in voller Pracht.

Ludwig hätte seine Selbstverherrlichung nicht derart übertreiben müssen, doch er sah sich selbst aus einer tiefen Überzeugung heraus als Mittelpunkt Frankreichs und präsentierte sich entsprechend. Infolgedessen hatten sich alle anderen seinem Handeln zu fügen, nach dem Motto: »Wenn es dem König gut geht, geht es allen gut.« Viele Aspekte seines Herrschaftsstils, seines Verhaltens und seiner Selbstwahrnehmung deuten darauf hin, dass er eine ausgeprägte egozentrische, sogar narzisstische Persönlichkeit besaß. Ludwig war niemals einfach nur Ludwig, jemand, der sich hinter dem Glanz versteckte und in privaten Momenten zum Vorschein kam. Diese Person existierte nicht. Es gab nur Ludwig XIV., den Sonnenkönig.

DAS SONNENSYSTEM

Das Schloss Versailles ist ein Paradebeispiel absolutistischer Machtdemonstration. Der prunkvolle Palast, ausgestattet mit allem, was das barocke Herz begehrte, umgeben von einer nicht weniger imposanten Gartenanlage, war die Bühne des Sonnenkönigs. Das Schloss Versailles wurde zum unübertroffenen Vorbild zahlreicher europäischer Schlösser und Paläste. Was es von anderen königlichen Residenzen jener Zeit unterschied, war nicht nur seine überdimensionale und prachtvolle Gestaltung, sondern vor allem das Spiel der Macht und der Selbstinszenierung, das hier tagtäglich aufgeführt wurde. Der Hof von Ludwig XIV. kann metaphorisch als ein Sonnensystem betrachtet werden, bei dem der König als Sonne und Quelle der Macht im Zentrum steht und die umgebenden Planeten um ihn herum kreisen. Die Planeten waren sein Hofstaat, der nicht nur in verschiedene Ränge und Positionen eingeteilt war, sondern auch untereinander eigene Hierarchien hatte. Sie waren von seinem Licht und seiner Wärme abhängig und versuchten, sich in seiner Nähe zu positionieren, um Einfluss in ihrer Sphäre zu gewinnen. Wie Sonnenstrahlen, die von der Sonne ausgehen, verteilte Ludwig seine Gunst. Diejenigen, die ihm am nächsten waren, erhielten mehr Aufmerksamkeit und Vorteile, während diejenigen, die weiter entfernt waren, weniger begünstigt wurden. Dies schuf unter den Höflingen einen ständigen Wettbewerb, getrieben von Intrigen und Rivalitäten im Kampf um einen Platz an der Sonne. Die Adeligen, die am Hof von Versailles verkehrten, waren wahre Influencer*innen, getrieben von ihrem Wunsch nach Anerkennung und Privilegien, die durch ihr Auftreten und Verhalten Trends setzten, welche sich auf die Entwicklung von Mode, Kunst und Kultur in ganz Europa maßgeblich auswirkten.

Das Konzept des Sonnensystems wurde ebenfalls in der Architektur und Gestaltung des Schlosses konsequent umgesetzt. Die Zimmer wurden entsprechend angeordnet, wobei diejenigen mit höherem Rang den Privatgemächern des Königs näher lagen. Je nach Stand waren auch die Größe, Ausstattung und der Komfort der Zimmer im Schloss unterschiedlich. Die privaten Gemächer des Königs befanden sich natürlich im Zentrum des Palastes und waren von Salons umgeben, die nach Planeten benannt waren.

Im »Salon de Mercure« (franz.: Merkur-Salon) befand sich das prächtige Paradeschlafzimmer der königlichen Gemächer, obwohl der König es nie zum Schlafen nutzte. Der Merkur-Salon grenzte an den »Salon de Mars« (franz.: Mars-Salon), der als Musik- und Ballsaal diente, sowie an den »Salon d'Apollon« (franz.: Apollo-Salon). Es ist selbsterklärend, dass Letzterer als Thronsaal bestimmt war. Er wurde hauptsächlich für den Empfang ausländischer Gesandter genutzt.

Der größte und imposanteste Bereich im Schloss, der Spiegelsaal, war eigentlich nur ein Durchgangsraum. Lediglich für äußerst besondere Anlässe und Feste wurde er als Empfangshalle genutzt. Prunk und Luxus, Synonyme für Versailles, waren nicht im gesamten Schloss zu finden. Man sollte nicht glauben, dass die Höflinge und Hofdamen annähernd so prachtvoll lebten wie die königliche Familie. Die meisten von ihnen hatten im Grunde genommen nur ein oder zwei Räume in ihren Appartements: ein Schlafzimmer, das auch für den Empfang von Besuch genutzt wurde, und möglicherweise ein angrenzendes Kabinett als privater Rückzugsort. Appartements mit Fenstern und Kaminen waren sehr begehrt, aber aufgrund der enormen Nachfrage Mangelware. Die

Einrichtung spiegelte in gewisser Weise auch die Beziehung zum König wider. Wenn man Glück hatte oder sich ausreichend eingeschleimt hatte, konnten die Kosten für Umbau, Renovierung und Einrichtung vom König selbst übernommen werden. Während der Blütezeit, insbesondere in den 1680er- und 1690er-Jahren, erreichte die Zahl der Bewohner und Bewohnerinnen des Schlosses ihren Höhepunkt. Es wird geschätzt, dass zu dieser Zeit etwa 6000 bis 10 000 Menschen im Schloss und den Anbauanlagen lebten. Dies umfasste Mitglieder der königlichen Familie, Adlige, Hofbedienstete, Diener*innen, Köch*innen, Gärtner*innen, Wachen und andere Angestellte. Im Laufe der Jahre wurde das Schloss kontinuierlich erweitert und umgebaut, um den wachsenden Bedarf an Wohnraum zu decken. Ludwig XIV. lebte praktisch auf einer ständigen Baustelle.

Ludwigs treue Anhänger*innen waren bereit, die teils prekären Wohnbedingungen in Kauf zu nehmen. Viele mussten sich mit einer Kammer im Zwischengeschoss oder unter dem Dach zufriedengeben. Doch sie waren dem König nahe und Teil des Trubels, der sich rund um seine Person bildete, und das war es ihnen wert. Ludwig scharte die französische Aristokratie um sich, nicht etwa aus Einsamkeit oder Langeweile. Er versammelte sie um sich, weil er sie so ständig unter seinem wachenden Auge hatte und unter Kontrolle halten konnte. Er forderte die Anwesenheit des hohen Adels an seinem Hof regelrecht ein. Er formulierte es als größtes Privileg, unter seinem Dach zu hausen, von seiner Gunst zu profitieren oder zumindest darauf zu hoffen. Ludwig signalisierte, dass die Adeligen ihre Interessen auch ohne Aufstände und Revolten durchsetzen konnten, sie mussten ihm lediglich den Hof machen. Das war fast schon eine sektenhafte Strategie, jedenfalls aber ein erfolgreiches Manipulations- und Ablenkungsmanöver. Denn die Aristokratie hatte ihre Macht gegen Privilegien eingetauscht. Ludwig hielt seine Follower*innen mit ausschweifenden Festen bei Laune und verhinderte, dass am Hof Langeweile aufkam. Denn wer sich langweilte, konnte möglicherweise auf dumme Gedanken kommen und die Politik des Königs hinterfragen oder, im schlimmsten Fall, sich gegen den König auflehnen. Ludwigs Strategie ging auf. Diejenigen, die mit unendlichen Partys beschäftigt waren und ständig versuchten, mit der eigenen Erscheinung andere auszustechen, hatten einfach keine Zeit, sich mit politischen Angelegenheiten des Alltags auseinanderzusetzen. Zudem waren alle am Hof damit beschäftigt, das strenge Hofzeremoniell korrekt einzuhalten, sodass wir uns heute fast fragen könnten, wann überhaupt noch Zeit zum Atmen blieb.

EIN LEBEN UNTER DER SONNE

Das Leben am Hof war geprägt von einem strengen Zeremoniell mit komplexen Verhaltensregeln und Protokollen, die den Umgang mit dem König und seiner Schar definierten. Die Rangordnung der Höflinge und Hofdamen sowie die Teilnahme an königlichen Veranstaltungen war gemäß diesen Vorgaben geregelt. Jede Person hatte eine festgelegte Rolle und Aufgabe entsprechend der zugeordneten Position. Mit königlicher Veranstaltung meine ich übrigens nicht nur Feierlichkeiten und Feste. Jede noch so belanglose alltägliche Tätigkeit wurde aufwendig ritualisiert. Angefangen von der Kleiderordnung bis hin zu den Gesten, die Respekt und Ehrerbietung zeigen sollten, alles hatte irgendwie eine größere Bedeutung. Die höfische Etikette verwandelte praktisch jeden Aspekt des höfischen Lebens in ein Ritual, bei dem die Adeligen sowohl aktiv teilnahmen als auch Publikum waren. Aus heutiger Sicht mag es befremdlich wirken, dass selbst banale Handlungen wie das Einschenken von Wasser oder das Anziehen bestimmter Kleidungsstücke einem genauen Ablauf folgen mussten, die Handgriffe penibel durchchoreografiert waren und nur von bestimmten Personen ausgeführt werden durften.

An königlichen Höfen waren Zeremonien und Etikette traditionell vorhanden und existieren bis heute in gewissem Maße fort. Aber der Sonnenkönig trieb es auf die Spitze, möglicherweise trug hierzu auch seine Leidenschaft für Schauspiel und Tanz bei. Auf der Bühne fühlte er sich wohl, sein Palast war seine Bühne. Inspiriert vom spanischen Hofzeremoniell, das damals zu den strengsten und steifsten gehörte, perfektionierte Ludwig XIV. sein eigenes Zeremoniell. Dabei gab es kein geschriebenes Gesetz oder vorgefertigtes Regelwerk. Sein Zeremoniell bestand vielmehr aus Ritualen, die im Laufe seiner Herrschaft entwickelt und stetig gesteigert wurden, ebenso wie er sich selbst immer mehr in seine Rolle hineinsteigerte. Dieser »Tanz« mit dem König verschleierte den Verlust politischer Macht des Adels, indem er in eine konstruierte Hierarchie von Rang und Würde eingegliedert wurde.

Der französische Adel prägte während der Regierungszeit Ludwigs XIV. die Hierarchie der Gesellschaft, obwohl er nur etwa zwei Prozent der französischen Bevölkerung ausmachte. Adelstitel symbolisierten Macht, Prestige und sozialen Status. Wohlhabende Bürger*innen hatten unter Ludwig XIV. die Möglichkeit, einen Adelstitel käuflich zu erwerben, sofern sie über ausreichend finanzielle Mittel verfügten. Zum Verkauf standen beispielsweise Ämter in der königlichen Verwaltung, die mit einem Adelstitel gekoppelt waren. Obwohl der Titel – etwa von etablierten Adelsfamilien nicht immer vollständig anerkannt wurde, lohnte sich diese Investition allemal. Wohlhabende Bürger*innen schafften durch den Erwerb eines Adelstitels einen gesellschaftlichen Aufstieg und konnten ihn sogar an ihre Nachkommen vererben, was einen dauerhaften Zugang zu Privilegien sicherstellte.

Ludwig XIV. forderte von seinen Follower*innen ein hohes Maß an Disziplin und Anstand. Er sorgte dafür, dass sie stets perfekt gekleidet und gepflegt waren, und erwartete angemessenes Verhalten in seiner Gegenwart. Jemand, der nicht nach der neuesten Mode gekleidet war, wurde unweigerlich zum Ziel von Spott und Hohn. Ein bestimmter Marquis de Vardes, der nach 19 Jahren Abwesenheit wieder am Hofe von Versailles zugelassen wurde, trug Kleidung, die längst aus der Mode gekommen war. Der König konnte nicht anders, als sich über sein Erscheinungsbild lustig zu machen. Die Antwort des in Verlegenheit geratenen Marquis de Vardes lautete: »Eure Majestät, wenn wir unglücklich genug sind, von Ihnen getrennt zu sein, sind wir nicht nur unglücklich, sondern wir sind lächerlich.«[1]

Die Bedeutung der Kleidung spielte eine herausragende Rolle. Frei nach dem Motto »Kleider machen Leute« waren sie ein wesentlicher Teil der Selbstdarstellung. Ludwig ging mit gutem Beispiel voran und nutzte seinen Hof als Laufsteg für luxuriöse, in Frankreich hergestellte Kleidung und Schmuck. Insbesondere die Mode- und Parfümindustrie erlebte unter seinem Finanzminister und Begründer des Merkantilismus, Jean-Baptiste Colbert, eine Reform. Strenge Kleiderordnungen und Etiketten dienten unter anderem auch dazu sicherzustellen, dass ausschließlich in Frankreich produzierte Kleidung, Schmuck und Parfüms getragen wurden. Mode wäre für Frankreich das, was die Goldminen Perus für Spanien wären, stellte Colbert fest. Die in Versailles entstandenen Trends verbreiteten sich in andere europäische Höfe. So schaffte es Ludwig, zusammen mit seinem Finanzminister, Frankreich zum führenden Produzenten und Konsumenten von Luxusgütern zu machen. Zuvor dominierten insbesondere Italien, die Niederlande und Spanien die »Modeindustrie« und waren federführend in der Herstellung und im Handel von Luxusgütern. Vor allem die steife konservative und dunkle spanische Kleidermode bestimmte die europäischen Höfe.

Das spanische Königreich unter den Habsburgern befand sich zu dieser Zeit weiterhin auf dem Höhepunkt seiner Macht und war das reichste Haus Europas. Frankreich konnte lange Zeit weder mit Spanien konkurrieren, das Kolonien ausbeutete, noch mit Italien und den Niederlanden, die von ihren Handelsbeziehungen profitierten. Frankreich war daher auf Importe aus genau diesen Ländern angewiesen.

Währenddessen verschuldeten sich die Adeligen am Hof von Versailles, um mit den neuesten Trends mithalten zu können. Am Hof wurde das Konzept saisonaler Kleidung für Sommer und Frühling sowie Herbst und Winter eingeführt, was zusätzlich zu erhöhten Ausgaben der Konsument*innen und steigenden Einnahmen in der Staatskasse führte. Wer besonders modeaffin war oder seinen Platz in der fein abgestimmten Hofhierarchie demonstrieren wollte, trug Schuhe mit Absatz. Diese Schuhe waren bei Männern und Frauen gleichermaßen beliebt, wobei sie bei Frauen aufgrund der langen Kleider oft nicht sichtbar waren. Dementsprechend waren die Absatzschuhe der Frauen weniger aufwendig gestaltet als die der Männer. Diese waren ein wahrer Blickfang. Verziert mit Schleifen, Spitzenstickereien und Schmuck betonten sie gleichzeitig die Beine der Männer, die in Strümpfen gekleidet waren. Die Ursprünge dieser Absatzschuhe liegen im Persischen Reich, wo sie lange aus praktischen Gründen beim Reiten getragen worden waren. Der spitze Absatz ermöglichte es den Reiter*innen, sich in den Steigbügel einzuklemmen. Es ist nicht vollständig geklärt, wie genau diese Schuhe in den Kleiderschrank von Ludwig gelangten. Es gibt verschiedene Theorien, zum Beispiel die Annahme, dass er die Absatzschuhe einführte, um größer zu wirken. Eine zweite Erklärung ist, dass Ludwig, der selbst ein leidenschaftlicher Reiter war, solche Schuhe beim Reiten trug und sie dann auch in seinen Alltag übernahm. Eine weitere Theorie besagt, dass der Schuh ihn an seine andere Leidenschaft, das Ballett, erinnerte. Wie dem auch sei, er liebte hohe Schuhe mit rotem Absatz.

Genau diese Schuhe machte er zum ultimativen Statussymbol. Nur jene Adelige, die besonders in der Gunst des Königs standen, durften Schuhe mit rotem Absatz tragen. Die Schuhe wurden mit größtem Stolz getragen, besonders peinlich war es allerdings, wenn man die Gunst verlor und plötzlich keine mehr tragen durfte. Also versuchte man bestmöglich, diese Schande zu verhindern, und tanzte im Takt des Königs. Das ist wieder ein gutes Beispiel dafür, wie Ludwig Manipulationsmittel als Privilegien verkaufte. Diese Schuhe erinnern mich jedes Mal an die High Heels eines französischen Designers, der für seine rote Sohle bekannt ist. Der Designer war nicht von Ludwig inspiriert, aber durch das Tragen dieser auffälligen – und teuren – Schuhe transportiert man im Grunde genommen die gleiche Botschaft: Zugehörigkeit zu einer bestimmten Gruppe von Menschen, die mit Reichtum und bestimmten Privilegien ausgestattet ist.

EIN TAG IM LEBEN DES SONNENKÖNIGS

Der Alltag des Sonnenkönigs unterlag einem strengen Protokoll. Jeder Tag folgte einem festgelegten Ablauf, selbst Staatsbesuche verliefen nach einem vordefinierten Muster. Nichts wurde dem Zufall überlassen. Sowohl die Rituale als auch die Zeiten wurden bis ins kleinste Detail festgelegt, sodass im Prinzip jede*r an jedem Moment, ob im Schloss anwesend oder nicht, genau wusste, wo sich der König gerade aufhielt und was er gerade tat. Besonders eindrucksvoll zeigt sich dies beim Sonnenaufgang, dem »lever«, (franz., hier: Morgenempfang) des Königs. Pünktlich um 07:30 Uhr (im Winter um 08:30 Uhr) wurde Ludwig XIV. vom ersten Kammerdiener mit den Worten »Eure Majestät, die Stunde ist gekommen« geweckt. Der Kammerdiener schlief praktischerweise am Fuß des königlichen Bettes und trug eine Schnur um sein Handgelenk, um Bewegungen des Königs wahrzunehmen. So konnte dieser ihn auch im Notfall wecken, ohne selbst aus dem Bett aufstehen zu müssen. Als Erstes betraten ein Leibarzt und ein Chirurg die Schlafgemächer, um den Gesundheitscheck durchzuführen. Danach wurden die Vorhänge geöffnet, das Nachthemd des Königs gewechselt und ihm wurde eine Schale mit Weihwasser gereicht, mit dem er sich bekreuzigte. Zu diesem Zeitpunkt waren bereits mindestens 20 Personen anwesend. Dann setzte sich der König auf seinen Toilettenstuhl und erledigte das, was man beim morgendlichen Toilettengang so erledigen muss. Das Ergebnis wurde von seinem Leibarzt inspiziert und protokolliert, bevor ihm von zwei speziellen Beamten, den »porte-chaise d'affaire« (franz.: Leibstuhlträger), die Tücher zum Abwischen gereicht wurden und der Leibstuhl samt Inhalt zur Abwassergrube gebracht wurde. Noch während der König auf seinem morgendlichen Thron saß, empfing er handverlesene Besucher*innen, unter ihnen Mitglieder des engsten Familienkreises. Nun wurde der König für das eigentliche Schauspiel fertig gemacht das »grand lever« (franz., hier: großer Morgenempfang). Alles bis dahin war nämlich nur das »petit lever« (franz., hier: kleiner Morgenempfang). Bis zu hundert Personen strömten in den Schlafraum des Königs, drängten sich in die Ecken und suchten einen Platz mit der besten Sicht auf ihren König, der vor allen Anwesenden ausgezogen wurde. Seiner Majestät wurde die königliche Robe angelegt, Schritt für Schritt durften ihm zuvor handverlesene Personen einzelne Kleidungsstücke in vorgeschriebener Reihenfolge reichen. Vor dem Schlafengehen fand das Pendant statt, die Zeremonie des »coucher« (franz., hier: Empfang vor der Bettruhe), bei der der König von seinen engsten Vertrauten ins Bett gebracht wurde. Das war im Grunde genommen das »lever« in umgekehrter Reihenfolge und etwas abgespeckter Form. Jetzt stand er da, seine Majestät in vollendeter Pracht. Das »grand lever« war der erste Höhepunkt des Tages, der gerade erst begonnen hatte. Unter Applaus verließ Ludwig seine Gemächer. Jedes Mal, wenn er mit seiner Gefolgschaft durch die Gänge des Palastes schritt, bildete der Hofstaat ein Spalier. Das war auch eine Gelegenheit, sich mit Wünschen an den König zu wenden, wenn man sich dafür vorher angemeldet hatte. Der ganze Tag glich einer theatralischen Aufführung in zahlreichen Akten. Die tägliche Messe war nicht nur eine religiöse Angelegenheit, sondern auch eine Bühne für den König, um seinen göttlichen Status zu betonen. Adelige standen am Fuße des Altars, mit dem Rücken zum Priester und mit dem Gesicht dem König zugewandt. Die Mahlzeiten waren ebenso ein Spektakel sondergleichen. Je nach Aufwand wurde beispielsweise zwischen dem formellen »grand couvert« (franz.: das große Gedeck), dem weniger formellen »petit couvert« (franz.: das kleine Gedeck) und dem noch weniger formellen »tres petit couvert« (franz.:

das sehr kleine Gedeck) unterschieden. Auch hier waren Privilegien gestaffelt. Ehre gebührte jenen Personen, die dem König bloß beim Essen zusehen durften, eine noch größere Ehre war es, dem König Essen und Trinken zu reichen. Mit ihm zu speisen, war das absolute Nonplusultra. Tischmanieren interpretierte der König auf seine eigene Art und Weise. Er war bekannt dafür, große Mengen an Speisen förmlich zu verschlingen. Sein Appetit was maßlos. Anderswo hätte man vielleicht von Völlerei gesprochen, doch beim König war es freilich wieder einmal mit einer superioren Bedeutung gekoppelt. Der Appetit des Königs würde sich auf den Wohlstand und die Fruchtbarkeit des Landes übertragen, so der Glaube. Die Vorführung konnte je nach Appetit des Königs kürzer oder länger dauern. Seine Schwägerin Liselotte von der Pfalz berichtete in ihren Briefen, sie habe Ludwig oft dabei beobachtet, wie er zum Mittagessen vier Teller Suppe, einen ganzen Fasan, ein Rebhuhn, einen großen Salat, zwei große Scheiben Schinken und mit Knoblauch zubereitetes Hammelfleisch mit Brühe verspeiste. Zum Nachtisch gab es einen Teller voller Backwaren, Obst und hart gekochte Eier.

Ein besonders unappetitlicher Anblick dürfte sich wiederholt eröffnet haben, als dem König beim Essen Flüssigkeiten aus der Nase flossen. Infolge einer fatalen Zahnbehandlung, bei der eigentlich »nur« alle Zähne gezogen werden sollten, wurde zusätzlich ein Teil des Gaumens rausgerissen und der Kiefer gebrochen. Sehr zum Leidwesen der Anwesenden und seiner Mätresse sprudelte ihm jedes Mal, wenn er etwas trank, die Hälfte wieder heraus, gemischt mit den Sekreten, die sich in den Zwischenräumen angesammelt hatten. Sein Leibarzt berichtete, dass es wohl leichenartig gestunken haben soll.

Nach dem Mittagessen widmete sich Ludwig XIV. oft seinen persönlichen Interessen und Hobbys. Er war ein großer Liebhaber der Jagd und des Reitens, und diese Aktivitäten nahmen einen großen Teil seiner Nachmittage ein. Bis zu dreimal am Tag zog er sich mit einer seiner Mätressen zurück, unternahm Spaziergänge durch die prachtvollen Gärten von Versailles oder besuchte eine der vielen Baustellen auf dem Areal. Staatsangelegenheiten wurden gerne zwischendurch abgehandelt. Der König war selbstverständlich nie alleine, sondern stets in Gefolgschaft seiner engsten Vertrauten und seines Hofstaates, der ihn umschwärmte wie Bienen ihre Bienenkönigin.

DIE SONNE GEHT UNTER

Dort, wo die Sonne täglich aufging, ging sie am 1. September 1715 endgültig unter. 72 Jahre lang hatte er regiert, länger als jeder andere Monarch in der europäischen Geschichte. Bis dato ist er Rekordhalter. In dieser langen Regierungszeit hatte er Frankreich zu Glanz, wirtschaftlichem Aufschwung und politischer Macht verholfen und das Land zum Vorbild für andere europäische Königshöfe und Adelshäuser gemacht, es aber gleichzeitig in den finanziellen Ruin getrieben. Hatten ihn Jahrzehnte lang Tausende Höflinge umgarnt, standen nur wenige vertraute Personen neben seinem Sterbebett. Man kann nicht sagen, dass Frankreich seinem König nachtrauerte. Vor allem im letzten Drittel seiner Herrschaft machte sich seine Unbeliebtheit deutlich bemerkbar, sowohl am Hof als auch im Volk. Weder der Merkantilismus noch andere Wirtschaftsmodelle konnten Wege finden, um die enormen Staatsausgaben auszugleichen. Ein Viertel der Staatskasse wurde jährlich für die Führung des königlichen Hofes ausgegeben. Die exzessiven Feste und der verschwenderische Lebensstil, vor allem aber auch der Spanische Erbfolgekrieg, führten zum finanziellen Ruin des Landes. Ludwig XIV. ließ sogar seinen Thron aus Silber einschmelzen, um das Geld für die Kriegsfinanzierung zu verwenden. Er wurde durch einen Sessel aus vergoldetem Holz ersetzt. Dies war ein symbolischer Anfang vom Ende seiner langen und prunkvollen Herrschaft, der auch die Schattenseiten seiner Regierungszeit deutlich machte.

Im Jahr 1709 kam es in Frankreich zu einer verheerenden Hungersnot, die durch Missernten verursacht wurde und tragischerweise das Leben von 600 000 Menschen forderte. Selbst für eine absolutistische Monarchie war dies eine unvorstellbare Tragödie. Ludwig XIV. versuchte, die Situation zu lösen, indem er sogar einen Teil seines Vermögens verkaufte, doch es reichte nicht aus, um das Leid und die Not im Land zu lindern. Das »gewöhnliche« Volk hasste den König, und auch seine Höflinge und Hofdamen hatten sich allmählich von ihm distanziert. Die einst prunkvollen Veranstaltungen im Schloss waren außer Kontrolle geraten. Ludwig versuchte, das unsittliche Verhalten und den maßlosen Alkoholkonsum einzuschränken und zu verbieten, um dem Ruf des Hofes wieder Glaubwürdigkeit zu verleihen.

Die letzten Jahre verbrachte Ludwig XIV. ruhig und zurückgezogen. Er nahm nicht mehr an den abendlichen Veranstaltungen im Schloss teil und verlor seine Leidenschaft für ausladende Inszenierungen. Manche Höflinge mochten hinter vorgehaltener Hand getratscht haben, dass die einstige Rampensau zu einem Spießer geworden sei. Tatsächlich wurde Ludwig im Alter immer frommer, wahrscheinlich weil er erkannte, dass er alles außer seiner eigenen Vergänglichkeit kontrollieren konnte.

Ludwig XIV. hatte Versailles als Influencer-Hochburg ausgebaut, ein Vorbild für andere europäische Höfe und Adelshäuser, und das sollte es auch bis zuletzt bleiben. Weiterhin herrschte reges Treiben, der Adel musste sich weiterhin behaupten, um seine Daseinsberechtigung zu sichern. Der Schriftsteller Alexis Piron beschreibt dieses Treiben besonders eindrücklich:

»Ohne eine Fensternische in der Galerie langweile ich mich sehr am Hof. Dort fasse ich jeden Tag für einige Stunden Posten, das Opernglas in der Hand, und wahrlich nur Gott weiß von dem Vergnügen, das ich habe, wenn ich mir alle, die kommen und gehen, so anschaue. Ach! Was für Masken! Wenn Sie wüssten, welche erbaulichen Mienen die abbés aufsetzen, wie wichtigtuerisch sich die Hofleute geben, wie anders so sichtlich zwischen Angst und Hoffnung schwanken! Überhaupt, wer einen klaren Blick hat, der gewahrt, dass die meisten Attitüden falsch sind!«[2]

Die Nachfolger, Ludwig XV. und Ludwig XVI., konnten bei weitem nicht die gleiche Strahlkraft und Präsenz wie der Sonnenkönig aufweisen. Besonders der letzte französische König, Ludwig XVI., fühlte sich unwohl in seiner Rolle als König und konnte die ständige Aufmerksamkeit und die damit verbundenen Erwartungen nicht ertragen. Seine Königin hingegen, Marie Antoinette, mischte das höfische Leben noch mal kräftig auf und sorgte dafür, dass sich der Sonnenkönig einige Male im Grab drehte und wendete. Der Prunk und die maßlose Verschwendung, die von Ludwig XIV. etabliert worden waren, wurden der französischen Monarchie in den späteren Jahren zunehmend zum Problem. Die hohen Ausgaben des Hofes und die finanzielle Misswirtschaft trugen zur Verschärfung der wirtschaftlichen Krise und des Unmuts im Volk bei. Ludwig XIV. legte somit den Grundstein für die Französische Revolution, die das Ende der Monarchie bedeutete und einen tiefgreifenden Wandel in Frankreich einleitete. Der Glanz des Hofes von Versailles sollte nie wieder in gleicher Weise auferstehen.

Kapitel 5

DIE MODE-REVOLUTION VON OBEN

Wenn wir an Marie Antoinette denken, haben wir ein bestimmtes Bild im Kopf: extravagante Kleider, aufwendige Frisuren, das Gesicht von einer dicken Schicht Puder bedeckt. Ein Bild, das bis in die Gegenwart reproduziert wird. Hinter dieser Erscheinung steckt aber viel mehr, nämlich ein Versuch, der strengen Hofetikette in Versailles zu entkommen. Marie Antoinette wollte Königin sein, aber nach ihren eigenen Vorstellungen. Vor allem wollte sie tragen, was ihr gefällt. Auf diesem Selbstfindungsweg avancierte sie zu einer Ikone und revolutionierte die Mode des 18. Jahrhunderts. Sie verwandelte sich selbst, wörtlich genommen, zu einer Fashion-Victim. Ihre modischen Errungenschaften machten sie zu einer Stilikone ihrer Zeit, aber auch zum Zentrum zahlreicher Skandale und Fake News. Letztendlich sollte sie dafür mit ihrem Leben bezahlen.

Als 15. Kind und letzte Tochter der Erzherzogin Maria Theresia genoss Maria Antonia das Privileg, dass ihre Mutter zunächst recht wenig mit ihr anzufangen wusste.

Sie erhielt keine spezielle Ausbildung, liebte das Musizieren und tobte gerne mal auf den Gängen der Wiener Hofburg herum. Sie wird als aufgewecktes Mädchen beschrieben. Ihre unbeschwerte Kindheit endete aber mit dem Beginn der Hochzeitsvorbereitungen.

Im Alter von elf Jahren wird Maria Antonia dem französischen Dauphin Ludwig August versprochen. Die Hochzeit sollte die über 200 Jahre währende Feindschaft zwischen Österreich und Frankreich beenden. Beide Länder sahen in dem politischen Bündnis eine Chance, ihre Machtansprüche in Europa auszuweiten. Von Romantik also keine Spur.

VOM MAUERBLÜMCHEN ZUR PRINZESSIN

Gewiss hatte Erzherzogin Maria Theresia andere Verantwortlichkeiten und Aufgaben zu bewältigen als die bloße Vermarktung ihrer Kinder. Aber diese Vermarktung, respektive Verkupplung, war ein wesentlicher Teil der staatlichen Angelegenheiten. Königliche Ehen waren stets machtpolitisch motiviert und immer auf das Wohl des Königreichs und den Fortbestand der Dynastie ausgerichtet. Mit der heutigen Berufsbezeichnung »Momager« lässt sich Maria Theresia in ihrer Funktion als Mutter gut beschreiben. Nachdem sie die Verhandlungen erfolgreich abgeschlossen hatte und die Verlobung besiegelt worden war, folgten die Hochzeitsvorbereitungen. Maria Antonia musste ein aufwendiges Prinzessinnen-Make-over über sich ergehen lassen. Ihre Mutter gab dafür ein Vermögen aus. Französische Diplomaten hatten bei ihrem Besuch in Wien die zukünftige Braut inspiziert und einiges an ihrem Aussehen und Verhalten kritisiert.

Erst mal mussten ihre Zähne korrigiert werden. In einer Rekordzeit von drei Monaten wurden ihre Zähne mithilfe einer Zahnspange begradigt. Eine schmerzhafte Prozedur, die sie ohne Betäubungsmittel zu überstehen hatte. Gegen ihr krauses, »zu österreichisches« Haar musste auch etwas getan werden. Maria Theresia beauftragte eine Schar von französischen Friseuren, das Haar »à la Pompadour« zu richten. Auch das Laufen und das Atmen musste sie neu lernen, nämlich in den ausladenden Kleidern und eng geschnürten Korsagen, die am französischen Hof üblich waren. Reifröcke waren ein Must-have, um den Kleidern den gewünschten Effekt zu verleihen. Paniers, beispielsweise, waren eine Art von Reifrock, der den Rock seitlich erweiterte, manchmal sogar bis zu einer Breite von drei Metern. Dadurch erhielt das Kleid eine breite, fast quadratische oder rechteckige Silhouette, die typisch für die Mode des Rokokos war. Körperlich war es sehr anstrengend, die gesamte Angelegenheit zu tragen. Zu allem Überfluss durfte man einer Dame keine Spur von Anstrengung anmerken. Ihr Gang musste den Anschein erwecken, als würde sie über das Parkett schweben, ohne dabei Möbelstücke umzuwerfen. Große Peinlichkeit ereilte jene Damen, die das Kleid einer anderen streiften. Von der angehenden Königin wurde erwartet, diese Gewandung täglich zu tragen. Im letzten Teil der Transformation musste Maria Antonia endgültig alles »Österreichische« ablegen. Ihr wurden die neuen Kleider angezogen, vertraute Personen musste sie zurücklassen und auch ihr Name wurde geändert. Fortan hieß sie Marie Antoinette.

Die Reaktionen nach ihrer Ankunft am französischen Hof waren überraschenderweise positiv. Da war nun ein junges, hübsches Mädchen, das so gar nicht österreichisch aussah. Im Vergleich zur französischen galt die österreichische Mode als schlichter und weniger extravagant, um nicht zu sagen, etwas langweiliger.

Selbst den Gegner*innen wurde der Wind aus den Segeln genommen, zumindest für eine kurze Zeit. Am 16. Mai 1770 fand die Trauung im Schloss Versailles statt, mit anschließender Hochzeitsnacht, voller Erwartungen. An dieser Stelle ist wichtig zu erwähnen, dass Marie Antoinette zu diesem Zeitpunkt 14, Ludwig 15 Jahre alt war. Nun, in der besagten Nacht passiert nichts, ebenso wenig in den folgenden sieben Jahren. In der höfischen Zeitwahrnehmung war das eine halbe Ewigkeit.

Ob Ludwig aus medizinischen Gründen nicht konnte, oder ob er nicht wollte, weil da eine Österreicherin in seinem Bett lag, ist nicht geklärt. Die Schuld für das Ausbleiben von royalen Babys wurde bei Marie Antoinette gesucht, wie es in anderen Herrscherhäusern der Fall war. Ein wahres Problem, war es doch ihre einzige Aufgabe, dem König und dem Volk einen Thronfolger zu schenken. Mit jedem kinderlosen Tag wurde ihre Daseinsberechtigung mehr in Frage gestellt. Nicht nur ihre Gegner*innen am Hof ließen sie das spüren, auch ihre Mutter erinnerte sie in zahlreichen Briefen unermüdlich daran, warum sie eigentlich nach Frankreich verheiratet worden war.

Der ständige Gegenwind und die höfischen Intrigen,

ihr Versagen, das Herz des Königs zu erobern, woran sie ihre Mutter regelmäßig erinnerte, und die Einschränkungen der Etikette wurden zu einer zunehmenden Belastung für Marie Antoinette. Wenn sie etwas in Versailles gelernt hatte, dann war es, welchen Einfluss die Selbstdarstellung auf die Macht einer einzelnen Person haben kann. Diese Lektion machte sie sich zunutze und wählte die Mode als Instrument, um ihre Position zu sichern und ihr eigenes Image aufzubauen.

DAS STYLING-TEAM

Bekannt sind ihre Ausflüge in das Pariser Nachtleben. Sie genoss die Anonymität hinter einer schwarzen Maske. Das sollte aber nicht lange anhalten, denn schon bald wurde Marie Antoinette erkannt. Ihre Anwesenheit auf Partys wurde herbeigesehnt. Ihre extravaganten Outfits sorgen jedes Mal für Aufsehen. Sie wurde zu einer richtigen Celebrity und umgab sich mit jungen Kreativen der Bourgeoisie, ein aufstrebender Teil der Bevölkerung und ein Dorn im Auge der Aristokraten. Denn sie waren längst nicht mehr die Einzigen, die unter anderem die Mode nutzten, um ihren Wohlstand zu demonstrieren. In den frühen Jahren des 18. Jahrhunderts begann in Frankreich und anderen Regionen die Aufklärung, welche die Vernunft über die Autorität stellte. In Frankreich verlagerte sich der kulturelle Fokus für Kunst, Kultur und Mode von Versailles nach Paris. Hier gewann das aufgeklärte Bürgertum in den Salons und Cafés an Einfluss und Bedeutung. Die neu eingeführten Trends übten eine vielfältige Wirkung auf die Gesellschaft aus und hatten eine Reichweite, die über Könige und Aristokraten hinaus bis in die soziale Mittel- und sogar die Unterschicht reichte.

Einer dieser Kreativen, der nach Ruhm und Anerkennung strebte, war Léonard-Alexis Autié. Er hatte sich bereits einen Ruf als Stylist für Theaterschauspielerinnen in Paris erarbeitet. Zu seiner Kundschaft gehörte auch eine gewisse Marquise de Langeac, die später eine Hofdame Marie Antoinettes werden sollte. So kreuzten sich ihre Wege im Jahr 1772. Zu dieser Zeit suchte Marie Antoinette nach einem neuen Friseur und als sie Léonards Fähigkeiten sah, war sie derart beeindruckt, dass sie ihn sofort in ihren Dienst nahm.

Ohne ihre Modedesignerin Rose Bertin wäre die französische Königin wahrscheinlich niemals zu der Modeikone geworden, die sie war. Rose Bertin kam im Alter von 16 Jahren nach Paris, um bei einer »marchande de modes« in Lehre zu gehen. Die Marchandes de Modes war eine französische Zunft der Hutmacherinnen. Diese Frauen durften keine Näharbeiten durchführen, da das ausschließlich den Schneidern vorbehalten war, einem Beruf, der traditionell von Männern ausgeübt wurde. Stattdessen waren sie in erster Linie als Stylistinnen tätig, insbesondere im Bereich von Kopfbedeckungen und Verzierungen, die sie auf bereits vorhandenen Kleidungsstücken wie Kleidern oder Röcken hinzufügten.

Obwohl es nicht zu ihren Aufgaben gehörte, Kleidungsstücke selbst zu nähen, arbeitete Rose Bertin eng mit ihren Kundinnen zusammen, um deren Gewänder zu gestalten und zu verzieren. Sie ließ die Stoffe nach ihren genauen Vorstellungen oder nach denen ihrer Kundinnen nähen. Die Verzierungen selbst waren oft kostspieliger als der eigentliche Stoff, aus dem das Kleidungsstück gefertigt wurde. Bertin war so erfolgreich, dass sie 1770 ihr eigenes Geschäft namens »Au Grand Mogol« (franz.: Zum Großmogul) in Paris eröffnete. Sie war die Erste in ihrer Branche, die für ihre handwerklichen Dienstleistungen genauso viel Geld verlangte wie für die verwendeten Materialien. Bertin war also nicht nur aufstrebende Designerin, sondern auch eine äußerst geschäftstüchtige Unternehmerin. Als sie 1774 Marie Antoinette kennenlernte, hatte sie nach eigenen Angaben bereits 1500 Kunden betreut.

Rose Bertin war das Mastermind hinter fast jeder neuen Kreation, die von Marie Antoinette in Auftrag gegeben wurde. Sie erhielt den Beinamen »Ministre de la Mode« (franz.: Modeministerin). Zusammen mit Léonard-Alexis Autié, dem »Coiffeur de la Reine« (franz.: Friseur der Königin) und Marie Antoinette bildeten sie ein Trio Fantastico, das für Furore sorgte.

SIE HAT DIE HAARE SCHÖN

Der Pouf war Marie Antoinettes erstes aufsehenerregendes Fashion Statement. Selbst für damalige Verhältnisse eine extrem übertriebene Frisur. Die einen fanden sie lächerlich und verschwenderisch. Die anderen konnten neue Kreationen des Pouf nicht abwarten, um ihrem modischen Vorbild alsbald nachzueifern.

Ein Drahtgestell, gestützt durch ein Kissen, bildete das

Grundgerüst dieser Frisur. Daher auch der Name: »Pouf« ist das französische Wort für Sitzkissen. Die Konstruktion wird mit Fremd- und Tierhaar, bevorzugt Rosshaar, umwickelt. Das eigene Haar wurde eingeflochten oder darüber gekämmt, sodass ein fließender Übergang entstand. Tierische Fette und ätherische Öle wurden verwendet, um die Haare in Form zu halten. Ein wesentlicher Bestandteil war weißes Puder, das unter anderem aus Mehl hergestellt wurde und einen grauen Schleier über die Frisur legte. Graues Haar lag absolut im Trend. Verziert wurde der Pouf mit reichlich Schmuck, Bändern und Schleifen. Marie Antoinette ließ sich außerdem gerne Straußenfedern auf den Pouf stecken. Das machte ihn noch höher, als er ohnehin schon war. Ihre Poufs erreichten eine Höhe von bis zu einem Meter, somit stellte sie sicher, dass sie die Größte im Raum war. Die Frisur brachte allerdings auch einige Gefahren und Herausforderungen mit sich. Nicht selten streiften die Turmfrisuren Kronleuchter und fingen Feuer. Drei Damen sind so sogar ums Leben gekommen. Die Fahrt mit einer Kutsche mussten modebewusste Damen auf Knien verbringen, und auch Türstöcke waren ein Hindernis, das bewältigt werden musste.

Der Pouf war nicht nur ein gewagtes und gefährliches Accessoire, sondern auch ein Kommunikationsmittel. Marie Antoinette nutzte ihn, um gezielte Botschaften zu senden. Mit dem »pouf sentimental« spiegelte sie ihren Gemütszustand wider. Sie liebte die Natur und den Garten, also ließ sie nicht nur Blumen, sondern verschiedenes Obst und Gemüse, darunter Karotten, Radieschen und Weißkohl, drapieren. Mit dem »pouf à la circonstance« reagierte sie auf aktuelle Umstände, beispielsweise trug sie ein Schiff, um ihre Unterstützung Frankreichs bei der Teilnahme an einem Krieg zu signalisieren. Der Pouf war ein Spaß, den sich neben Marie Antoinette nur Adelige, Aristokrat*innen und wohlhabende Bürger*innen leisten konnten. Ja, es gab auch einige Männer, die einen Pouf trugen. Poufs waren so aufwendig, dass sie nicht jeden Tags aufs neue gebaut werden konnten. Die Damen schliefen aufrecht, um die Kreationen nicht zu zerstören. Spätestens nach ein bis zwei Wochen mussten sie aber gezwungenermaßen erneuert werden. Die tierischen Produkte und Lebensmittel wurden ranzig und boten einen idealen Nährboden für Ungeziefer wie Läuse und Wanzen. Da halfen die ätherischen Öle auch nicht mehr viel. Hier und da soll sich auch eine Maus eingenistet haben. Die Tatsache, dass neben den Steuergeldern auch Unmengen an kostbarem Mehl für diesen Modetrend verwendet wurden, sorgte verständlicherweise für Unmut in der Bevölkerung. Die Hungersnot und die Missernten in den vorangegangenen Jahren hatten zu einer starken Knappheit an Getreide und folglich an Mehl geführt. Dies bewirkte einen rapiden Anstieg der Brotpreise, was besonders die ärmeren Schichten und die Arbeiterklasse hart traf, da sie den Großteil ihres Einkommens für Grundnahrungsmittel ausgeben mussten. In Paris und anderen Städten begannen die Menschen, auf die Straßen zu gehen. Wiederholt kam es zu Aufständen und Demonstrationen. Die anhaltende Unzufriedenheit gipfelte schließlich im »Mehlkrieg« im April 1775. Tausende Demonstranten zogen durch die Straßen von Paris und protestierten gegen die hohen Mehlpreise und die Lebensmittelknappheit. Die Proteste entwickelten sich schnell zu gewalttätigen Ausschreitungen, bei denen Bäckereien und Lebensmittelläden geplündert wurden. Die königliche Regierung reagierte auf diese Unruhen mit Härte. 25 000 Soldaten wurde mobilisiert, um die Aufstände niederzuschlagen. Hunderte von Menschen wurden verhaftet und es kam zu Todesfällen und Verletzungen. In diesem Zeitraum entstand auch die Legende zu dem historischen Satz: »Wenn sie kein Brot haben, sollen sie Kuchen essen.« Ursprünglich findet sich dieser Satz im Werk »Les Confessions« des französischen Schriftstellers Jean-Jacques Rousseau. Dort beschreibt er eine Episode, in der eine »große« Prinzessin gefragt wird, wie sich das Volk verhalten solle, wenn es kein Brot habe. Diese Prinzessin schlägt vor, stattdessen Kuchen zu essen. Rousseau nennt jedoch weder den konkreten Namen noch weitere Details über diese Prinzessin, und es bleibt unklar, ob es sich um eine reale historische Person oder eine fiktive Figur handelt. Zum Zeitpunkt, als Rousseau sein Werk schrieb, war Marie Antoinette erst 14 Jahre alt, was es unwahrscheinlich macht, dass sie die Prinzessin war, auf die er anspielte. Marie Antoinette wird oft mit diesem Zitat in Verbindung gebracht, obwohl es keine direkten Beweise dafür gibt, dass sie jemals diesen Satz gesagt hat. Ihr Verhalten und ihre Lebensweise gaben ausreichend Anlass, dass die Menschen ihr solche Worte zutrauten.

FASHION VICTIM

Marie Antoinette wurde am 10. Mai 1774 zur Königin von Frankreich und Navarra ernannt, als ihr Ehemann Louis-Auguste nach dem Tod seines Großvaters den Thron bestieg und zum König Ludwig XVI. ernannt wurde. Diese neue Rolle brachte gewisse Erwartungen mit sich. Die Fehltritte, Eskapaden und Verschwendungen, die ihr als Prinzessin möglicherweise noch verziehen worden wären, wurden von der Öffentlichkeit bei einer Königin nicht mehr toleriert. Trotzdem ließ sich Marie Antoinette nicht einschüchtern. Sie setzte unbeirrt ihren eigenen Willen durch, vor allem feierte sie ungeachtet dessen ausgelassen und in noch größerem Maße als zuvor.

Sie genoss das Gesellschaftsleben von Paris in Begleitung ihrer engsten Vertrauten. Zu diesen zählten Marie-Louise von Savoyen, ihre enge Freundin, die sie später sogar in ihrer Gefangenschaft begleiten sollte, Hans Axel von Fersen, ein schwedischer Adliger und Offizier, zu dem es Spekulationen über eine tiefere Beziehung gab, sowie ihr Schwager, der Comte d'Artois, der jüngere Bruder ihres Ehemanns König Louis XVI. Die beiden wurden häufig gemeinsam gesehen und genossen ihre Zeit zusammen. Diese enge Verbindung zu ihrem Schwager trug jedoch zur zunehmend negativen Wahrnehmung von Marie Antoinette bei. Der Comte d'Artois galt als prunksüchtig und wenig verantwortungsbewusst. Die Neigung der königlichen Familie zu derartigen Vergnügungen und ihre scheinbare Ignoranz gegenüber den finanziellen Problemen des Landes verstärkten das Bild von Marie Antoinette als Symbol einer abgehobenen, egozentrischen und verschwenderischen Aristokratin des »Ancien Régime«. Der König war keineswegs erfreut über die nächtlichen Ausschweifungen und modischen Exzesse seiner Frau. Doch noch besorgniserregender waren die Ausgaben, die durch ihren Lebensstil verursacht wurden und astronomische Ausmaße annahmen.

Innerhalb von Marie Antoinettes engstem Umfeld schien der König der Einzige zu sein, der den Mut aufbrachte, sie auf ihr Fehlverhalten hinzuweisen. Allerdings tat er dies äußerst subtil, indem er bemerkte, dass all die Pracht eigentlich gar nicht notwendig sei, da ihre natürliche Schönheit mehr als ausreichend sei.

Ihre Mutter, Maria Theresia, formulierte ihre Sorgen und Gedanken deutlicher. Am 15. März 1775 schrieb sie in einem Brief an Marie Antoinette:

»Ebenso kann ich mich nicht zurückhalten, mit Ihnen über einen anderen Punkt zu sprechen, den die Zeitungen mir zu oft wiederholen: es handelt sich um Ihren Kopfputz, man sagt, daß die Frisur von den Haarwurzeln 36 Zoll in die Höhe geht und mit einer Menge Federn und Bändern geschmückt sei, die das alles heben! Sie wissen, daß ich immer der Meinung war, die Moden mit Mäßigung mitzumachen, sie aber nie zu übertreiben. Eine junge hübsche Königin, so voller Anmut, hat alle solche Tollheiten nicht nötig; im Gegenteil, die Einfachheit des Putzes hebt die Erscheinung und paßt besser zum Rang der Königin«.[1]

Marie Antoinette antwortete, dass sie tatsächlich großen Wert auf ihr äußeres Erscheinungsbild lege. Sie rechtfertigte sich damit, dass sie nicht diejenige war, die den

Pouf erfunden hat, sondern lediglich einem vorherrschenden Trend folgte. Ganz unbegründet war diese Aussage nicht. Der Pouf existierte tatsächlich schon vor Marie Antoinettes Ankunft am Hof. Allerdings war sie diejenige, die ihn salonfähig machte. Auch ihr Auftritt bei der Krönungszeremonie am 11. Juni 1775 in der Kathedrale von Reims brachte ihr viel Kritik ein. Sie würde sich in den Mittelpunkt drängen und den König überschatten. Dieser fand den Pouf zwar lächerlich und die Erscheinung seiner Frau übertrieben, er war seiner Gattin allerdingt durchaus dankbar für ihre Präsenz. Tatsächlich war er das genaue Gegenteil von ihr, introvertiert und zurückhaltend. Er war nie wirklich mit seiner Rolle als König in Einklang. Insofern kam es ihm gelegen, nicht im Rampenlicht stehen zu müssen.

Es gab da allerdings noch ein weiteres Problem: Marie Antoinette schien ihren ehelichen Pflichten nicht nachzukommen, da es bisher immer noch keine Nachkommen gab. Anders konnte man sich das Ausbleiben von royalen Babys nicht erklären. Nachdem sie zu einem Königspaar aufgestiegen waren, wurde die Kinderlosigkeit zu einem existenziellen Problem.

Maria Theresia fand kurz vor der Krönungszeremonie mahnende Worte und schrieb in einem Brief vom 2. Juni 1775 an ihre Tochter:

»Jetzt kommt noch ein viel traurigerer Punkt für mich: alle Briefe aus Paris besagen, daß Sie getrennt von dem König schlafen, und daß Sie an seinem Vertrauen wenig Anteil haben. […] Ihre einzige Aufgabe muß sein, sich soviel wie möglich am Tage bei ihm aufzuhalten, ihm Gesellschaft zu leisten, seine beste Freundin und

Vertraute zu sein, zu versuchen, in allen Dingen Bescheid zu wissen, um sich mit ihm zu besprechen und ihn erleichtern zu können, damit er sich nie wo anders behaglicher und sicherer als in Ihrer Gesellschaft fühlt. [...] Verzeihen Sie diese Predigt, aber ich gestehe Ihnen, daß die getrennten Schlafzimmer, diese Ausflüge mit dem Grafen von Artois meine Seele mit um so größerem Kummer erfüllt haben, da ich die Folge kenne, die ich Ihnen nicht klar genug machen kann, um Sie vor dem Abgrund zu retten, in den Sie sich stürzen.«[2]

Obwohl der Abgrund noch nicht unmittelbar bevorstand, kam Marie Antoinette ihm mit jedem Fehltritt näher. Wie exorbitant ihre Ausgaben waren, wird in folgendem Beispiel deutlich: Im Jahr 1776 hatte sie nur für Accessoires 100 000 Livres ausgegeben, obwohl ihr ein jährliches Budget von 120 000 Livres für ihre gesamte Garderobe zur Verfügung stand. Die »Dame d'Atours«, die für die königliche Kleidung verantwortlich war, musste regelmäßig um finanzielle Unterstützung für die Königin ansuchen. Der König genehmigte diese Anträge stets und deckte die Kosten sogar aus seinem eigenen Privatvermögen. Die Überschüsse wurden von Jahr zu Jahr größer, wobei der Großteil des Geldes direkt an Rose Bertin floss. Obwohl andere Modistinnen ebenfalls Kleidung und Accessoires für Marie Antoinette bereitstellten, lieferte Bertin den Großteil der Kleidungsstücke und Accessoires.

Fairerweise muss man sagen, dass diese Ausgaben innerhalb der französischen Königsfamilie weit verbreitet waren. Das Zurschaustellen des Luxus war ein integraler Bestandteil des höfischen Protokolls und wurde von vorherigen Generationen vorgelebt. Diese Tatsache wurde vor allem von denen ausgenutzt, die direkt an der Quelle arbeiteten. Die Bediensteten von Marie Antoinette hatten das Privileg, Kleidungsstücke, die sie nicht mehr benötigte, für ihren persönlichen Gebrauch zu übernehmen oder zu verkaufen, um ihr Einkommen aufzubessern. Dies führte dazu, dass ihr Personal absichtlich übermäßig viel bestellte, während Marie Antoinette absolut keinen Überblick über diese Bestellungen hatte. Wöchentlich wurden 18 neue Paar parfümierter Handschuhe und vier neue Paar Schuhe an den Hof geliefert. Täglich wurden das Band, mit dem sie ihren Morgenmantel band, und der Stoff, der das Körbchen bedeckte in dem sie ihre Handschuhe und ihren Fächer aufbewahrte, gewechselt. Diese vermeintlichen Kleinigkeiten summierten sich schnell und waren versteckte Ausgaben, die die Finanzen weiter belasteten.

Aufgrund ihrer engen Beziehung lieferte Rose Bertin ihre Produkte direkt an die Königin, anstatt den üblichen Weg über die Dame d'Atours zu gehen. Die Rechnungen schickte sie absichtlich erst einige Monate später und sie enthielten keine detaillierten Aufschlüsselungen der Preiszusammensetzung. Niemand konnte sich genau an die gelieferten Artikel erinnern, weshalb eine exakte Überprüfung unmöglich war. Die Rechnungen mussten akzeptiert und bezahlt werden.

Zu allem Überfluss verließ Marie Antoinette das Schloss Versailles und zog in das Schloss Petit Trianon. Es ist leicht vorstellbar, dass diese Entscheidung am Hof auf keine guten Reaktionen gestoßen ist. Ursprünglich wurde es für Madame de Pompadour, die königliche

Mätresse von Ludwig XV., erbaut und später auch von einer seiner weiteren Mätressen, Madame du Barry, genutzt. Das Petit Trianon war ein kleines Schloss auf dem Gelände von Versailles, das Marie Antoinette unbedingt ihr Eigen nennen wollte. Sie sehnte sich nach einem Rückzugsort abseits der strengen Regeln und des prunkvollen Lebens im Hauptpalast. Kurz nach der Krönung schenkte Ludwig XVI. ihr das Schloss. Obwohl es praktisch neu war, veranlasste Marie Antoinette einen umfassenden Umbau des Schlosses, einschließlich der Neugestaltung der Gärten und der Inneneinrichtung. Diese Renovierungsarbeiten dauerten mehrere Jahre und verschlangen beträchtliche Summen an Geld. Schließlich war das Schloss für Marie Antoinette im Jahr 1777 bezugsfertig.

Sie fand in diesem Ort einen Zufluchtsort, um sich von den königlichen Pflichten und den strengen Hofzeremonien zu erholen. Das Petit Trianon entwickelte sich zu einem Ort, an dem sie einen schlichteren und privateren Lebensstil führen konnte. Doch diese Entscheidung löste Kritik und Kontroversen aus. Einige sahen darin einen Akt der Unverantwortlichkeit und der Entfremdung von ihrer königlichen Position. Sie würde sich die Nähe und Sympathie des »einfachen Volkes« erschleichen wollen. Für das »einfache Volk« war es aber eine romantische Verklärung des harten Lebens und der echten Probleme des Landes. Marie Antoinette baute eine künstliche Welt auf, fernab von jeder Realität. Sie versuchte, das »einfache Landleben« nachzuahmen, indem sie beispielsweise Statist*innen engagierte, die Kühe zu melken vorspielten. Ein eigenartiger Versuch, sich volksnah zu zeigen, aber sie kam einfach nicht aus ihrer privilegierten Bubble heraus. In ihrer Welt gab es keine Protokolle, kein höfisches Zeremoniell und keine konservative Kleiderordnung. In dem Schloss Petit Trianon hatte die Königin das Sagen, der König musste sich sogar anmelden, wenn er sie besuchen möchte. Das tat er regelmäßig. Nach anfänglichen Schwierigkeiten von sieben Jahren hatten die beiden ein Vertrauensverhältnis aufgebaut, doch die ersehnten Kinder blieben aus.

Die Gerüchteküche in Versailles brodelte kräftig. Es wurden zahlreiche Spekulationen über Affären und Beziehungen von Marie Antoinette sowohl mit Männern als auch mit Frauen verbreitet. Ihr wurde nachgesagt, dass sie äußerst umtriebig und sexuell sehr aktiv sei – jedoch nicht mit der einen Person, mit der sie es eigentlich sein sollte. Ein Umstand, der ihre Mutter Maria Theresia immer mehr mit Sorgen erfüllte. Sie hatte Informanten in Paris, die sie regelmäßig über die Geschehnisse auf dem Laufenden hielten. Einer davon war Mercy-Argenteau, der österreichische Botschafter in Paris. Im Jahr 1777 informierte er sie über die sich zunehmend verschärfende Lage rund um Marie Antoinette. Die junge Königin von Frankreich zeigte Verhaltensweisen, die wenig mit den Eigenschaften einer verantwortungsbewussten Monarchin gemein hatten.

Maria Theresia beauftragte ihren Sohn und Mitregenten Joseph II., nach Frankreich zu fahren und die wiederholten Warnungen, die sie in ihren Briefen an Marie Antoinette ausgesprochen hatte, zu verstärken. Er reiste inkognito unter dem falschen Namen Graf von Falkenstein an, um dem strengen Protokoll zu entgehen und keinen großen Trubel zu verursachen. Marie Antoinette war erfreut, ihren älteren Bruder nach sieben Jahren wiederzusehen, und auch Joseph II. freute sich über die Begegnung. Dennoch machte er seiner Schwester unmissverständlich klar, wie gefährlich ihr Verhalten war. Die Ehe zwischen ihr und dem König, ursprünglich als politisches Bündnis geschlossen, lief Gefahr, aufgelöst zu werden, sollte sie sich nicht umgehend am Riemen reißen. Besonders drängte er darauf, dass sie endlich einen Thronfolger zur Welt bringen müsse, schließlich war das nicht nur ihre Pflicht, sondern auch ihre Daseinsberechtigung am französischen Hof. Joseph II. führte intensive und vertrauliche, respektive intime, Gespräche ebenso mit seinem Schwager Ludwig XVI. Sein Besuch sollte zumindest hinsichtlich der Fortpflanzung des Königspaares den gewünschten Effekt erzielen. Am 19. Dezember 1778 erblickte das erste Kind das Licht der Welt, Marie-Thérèse-Charlotte. Dann, am 22. Oktober 1781, wurde der lang ersehnte Thronfolger, Louis Joseph, geboren. Später sollten noch zwei weitere Kinder folgen: Sophie Hélène de Bourbon, die jedoch vor ihrem ersten Geburtstag verstarb, sowie ein weiterer Sohn, Louis Charles, der später als Ludwig XVII. bekannt wurde. Erwartungsgemäß sollten nun der Druck und die Kritik an Marie Antoinette nachlassen, doch genau das Gegenteil war der Fall. Obwohl sie versucht hatte, im Petit Trianon einen Imagewechsel zu vollziehen, blieb es ein teurer Spaß und daher kontraproduktiv für die Transformation in eine vorbildliche Königin.

Die Frisuren wurden schlichter, Hüte ersetzten die einst meterhohen Poufs. Die Gesichter waren nicht länger von dicken Puderschichten bedeckt, und die »mouches«, die im 17. und 18. Jahrhundert ein enormer Trend waren, wurden abgelegt. Bei Letzteren handelte es sich um Schönheitspflaster, die diesen Namen trugen, weil sie aufgrund ihrer Größe und variablen Position wie eine Fliege im Gesicht aussahen. Sie wurden von Männern und Frauen getragen und aus Materialien wie Samt, Filz oder Leder hergestellt. Diese Pflaster hatten verschiedene Formen, wobei Punkte besonders beliebt waren. Aber auch extravagantere Formen wie Sterne, Herzen oder Halbmonde kamen zum Einsatz. Abhängig von ihrer Position sendeten sie unterschiedliche Signale. Eine Mouche auf der Wange bedeutete Offenheit für romantische Abenteuer, während sie über einem Grübchen platziert ein Zeichen für Scherzhaftigkeit darstellte. Frauen, die Eleganz ausstrahlen wollten, platzierten die Mouche auf der Stirn, während sie bei Fröhlichkeit auf der Nase landete. Sie passten allerdings nicht mehr zum neuen Image, dem »natürlichen« Look. Selbst breite Reifröcke und enge Korsagen hatten im Petit Trianon keinen Platz mehr. Die Atmosphäre verlangte nach einem Gefühl von Freiheit und Beweglichkeit, so wie man sich eben das Landleben vorstellte. Hier wollte man durchatmen und uneingeschränkte Bewegungsfreiheit genießen. Marie Antoinette und ihre Gefährtinnen trugen luftige weiße Musselinkleider.

Ein weiterer Skandal zeichnete sich ab, der tatsächlich die Modewelt nachhaltig verändern und zugleich den Niedergang einer Modeikone einläuten sollte.

NEUE KONSUMGEWOHNHEITEN, ANDERE TRENDS

Die Verbesserung der Produktionsmethoden ermöglichte im 18. Jahrhundert eine schnellere, effizientere und kostengünstigere Herstellung von Waren. Dies führte dazu, dass immer mehr Menschen Produkte erwerben konnten, die über ihre grundlegenden Alltagsbedürfnisse hinausgingen.

Die Entstehung einer Konsumgesellschaft als Massenphänomen hat ihre Wurzeln zunächst in Großbritannien während der Industriellen Revolution gefunden. Der Wandel im Konsumverhalten war in allen Gesellschaftsschichten spürbar. Ärmere Menschen konnten sich beispielsweise zusätzliche Unterwäsche oder mehr Geschirr leisten. Die wohlhabenden Bürger*innen schmückten ihre Häuser mit kostbaren Dekorationen und ihre Körper mit hochwertiger Kleidung. Die Aristokrat*innen setzten ihrem bereits dekadenten Lebensstil die Krone auf, indem sie ihre Häupter mit opulenten Turmfrisuren schmückten. Weil der Konsum in diesem Ausmaß ein neues Phänomen war, erhoben sich bald kritische Stimmen. Das neu erwachte Interesse an materiellen Dingen stieß auf Kritik seitens der Kirche, die es als Eitelkeit und somit als sündhaft ansah. Auch der Philosoph Jean-Jacques Rousseau war schockiert, fürchtete negative Auswirkungen auf die Gesellschaft und rief zur Rückkehr zu einem bescheidenen Lebensstil auf. Bernard Mandeville vertrat in seinem Werk »Die Bienenfabel« aus dem Jahr 1705 hingegen die Auffassung, dass individuelle Laster und egoistische Triebe wie Gier nach Besitz, Eitelkeit, Neid und Selbstsucht in einer Gesellschaft tatsächlich Triebkräfte für den nationalen Wohlstand waren. Seiner Argumentation zufolge würden Menschen mehr arbeiten, um sich luxuriösere Güter leisten zu können, um ihr Verlangen nach gesellschaftlicher Anerkennung zu befriedigen. Dies würde zwangsläufig die Nachfrage erhöhen und somit auch das Angebot steigern, was wiederum den Handel und die Wirtschaft ankurbelte. Einige Aufklärer*innen, darunter eben Jean-Jacques Rousseau, lehnten Mandevilles Ansichten ab, da sie ihren Vorstellungen von Moral, Tugend und dem Gemeinwohl widersprachen. Jedenfalls waren diese frühen Entwicklungen des Konsumverhaltens entscheidend für die Evolution der Influencer*innen.

Im Jahr 1760 fand eine der ersten erfolgreichen Kooperationen einer Herrscherin und eines Influencers statt, und zwar von Josiah Wedgwood und Königin Charlotte von Mecklenburg-Strelitz, der Ehefrau von König George III. Die Lebenszeiten von Marie Antoinette und Königin Charlotte überschnitten sich, sie waren beide Königinnen in ihren jeweiligen Ländern. Im Gegensatz zu Marie Antoinette war Königin Charlotte beliebt bei ihrem Volk und genoss eine positive öffentliche Wahrnehmung.

Zu dieser Zeit hatte sich Josiah Wedgwood auch einen Namen als Hersteller hochwertiger Keramikprodukte gemacht. Eine der berühmtesten Produktlinien war die Jasperware, eine Art unglasiertes Porzellan mit einer matten Oberfläche, die typischerweise in einem zarten Blauton gehalten war. Auf dieser Grundfarbe wurde ein weißes Reliefdekor aufgetragen, das oft mythologische, allegorische oder klassische Szenen darstellte und häufig von antiken griechischen und römischen Kunstwerken inspiriert war. Die Produktpalette von Jasperware war äußerst vielfältig und umfasste Vasen, Teller, Schalen, Schmuck und andere dekorative Gegenstände. Wedgwood erkannte, welches Potenzial eine Verbindung seiner Produkte mit der Person der Königin und somit eine Erweiterung ihrer Reichweite für sein Geschäft haben könnte. Daher fertigte er eigens für Königin Charlotte ein exquisites Teeservice an. Er erwartete keine Gegenleistung von der Königin, aber ihre Begeisterung für seine Kreation war so groß, dass sie die Schirmherrschaft übernahm und somit die Marke gewissermaßen königlich »verifizierte«. Ab diesem Zeitpunkt erhielt Wedgwood die Ehre, sich als »Potter to Her Majesty« (deutsch: Töpfer Ihrer Majestät) zu bezeichnen. Das verlieh seinen Produkten nicht nur einen Luxusstatus, sondern steigerte auch seine Bekanntheit erheblich. So wurde er zu Lebzeiten der renommierteste Keramikhersteller, dessen Produkte in zahllosen europäischen Adelshäusern Einzug fanden. Sogar wohlhabende Bürger*innen sparten, um sich ein Geschirrset oder eine Vase aus seiner Kollektion in die Vitrine stellen zu können.

FAST FASHION

Die französische Textilindustrie hatte alle Hände voll zu tun, um die immense Nachfrage nach Stoffen zu bewältigen. Rose Bertin gab in beispielloser Geschwindigkeit neue Bestellungen auf. Die Produktion der Kleider der Königin lief praktisch wie am Fließband. Dabei ließ Bertin ihrer Kreativität freien Lauf. Ein bemerkenswertes Beispiel war die Einführung der Farbe »caca dauphin« nach der Geburt des Thronfolgers Louis Joseph am 22. Oktober 1781. Diese Farbe wurde vom Inhalt der Windeln des königlichen Säuglings inspiriert. Um die Gunst der Königin zu erlangen und ihre Unterstützung für die immer mehr in Verruf geratene Monarchie zu zeigen, ließen Anhänger*innen Kleider aus dem Stoff in der Farbe »caca dauphin« herstellen.

Einer der faszinierendsten Einblicke in die umfangreiche Garderobe der Königin stammt aus der Gazette d'atour de la reine von 1782. Es handelte sich im Grunde um das Garderobenbuch der Königin, eine Art Vorläufer eines modernen Lookbooks. Es wurde von ihrer Dame d'Atours, der Gräfin von Ossun, zusammengestellt. In diesem Buch befand sich eine Sammlung von Stoffmustern jedes einzelnen Kleides, das Marie Antoinette zu dieser Zeit besaß. Dieses Buch wurde ihr jeden Morgen nach dem Aufwachen gebracht, zusammen mit einem Nadelkissen. Sie setzte die Nadel direkt neben den ausgewählten Stoff und markierte somit das Kleid, das sie für diesen Tag tragen wollte. Im Einklang mit der Etikette wechselte sie mindestens dreimal am Tag ihre Kleidung: ein formelles Kleid für die Messe, ein informelleres Kleid für die private Zeit in ihren Gemächern und ein Galakleid für den Abend. Ihre Dame d'Atours bestellte für jeden Winter und Sommer eine Kollektion von 36 neuen Gewändern für verschiedene Anlässe. Hinzu kamen die zusätzlichen Kleider, die Marie Antoinette selbst in Auftrag gab. Einmal getragene Kleider wurden nicht noch einmal offiziell getragen. Am Ende jeder Saison sortierte sie ihre Garderobe aus und gab die Kleider, wie bereits erwähnt, an ihre Bediensteten weiter. Sie behielt lediglich ihre Lieblingsoutfits, die jedoch nicht in einen gewöhnlichen Schrank passten, sondern drei ganze Räume in Versailles füllten.

Marie Antoinette bevorzugte generell helle, pastellfarbene Kleider in Rosa, Lavendel und Hellblau. Während ihrer »pompösen« Ära trug sie sogar rosa Haare. Obwohl ihre modischen Entscheidungen stets polarisierten, hatte sie einen erheblichen Einfluss auf ihre Bewunder*innen. Adelige, Aristokrat*innen und wohlhabende Bürger*innen warteten regelrecht mit Spannung darauf, was die Königin wohl als Nächstes tragen würde. Die ersten Modezeitschriften weltweit entstanden im Laufe des 18. Jahrhunderts, beispielsweise »Le Cabinet des Modes« und »Galerie des Modes et Costumes Français«. Diese Zeitschriften waren speziell auf Mode und Stil ausgerichtet und enthielten Illustrationen von aktuellen Kleidungsstücken sowie Anleitungen zum Selbermachen von Accessoires. Ob Marie Antoinette direkten redaktionellen Einfluss hatte, ist unklar, ihre Mode war aber stets vertreten. Diese Magazine beschränkten sich in ihrer Anfangszeit nur auf Paris. Bis Ende des 18. Jahrhunderts waren noch immer sogenannte Pandora-Puppen in Umlauf. Das waren kleine Modepuppen, die nachweislich ab dem 13. Jahrhundert von Hof zu Hof geschickt wurden und so den aktuellen Kleidungsstil unter modebewussten adeligen Frauen verbreiteten. Die Puppen trugen eine exakte Miniaturversion der neuesten Kreationen, originalgetreu bis ins kleinste Detail, einschließlich aller Verzierungen. Den Puppen wurden Frisuren verpasst und Schmuck angehängt.

Vor der Fertigstellung jeder neuen Kreation erstellte auch Rose Bertin eine Miniaturausgabe des Designs mithilfe einer Pandora-Puppe. Sobald die gewählten Kleider am königlichen Hof in Versailles getragen, bewundert und begehrt wurden, begaben sich die Pandora-Puppen auf eine Reise durch ganz Europa. Dort wurden sie aristokratischen Kund*innen präsentiert, die den neuesten französischen Modetrends folgen wollten.

Der französische Stil war derart begehrt, dass Rose Bertin sogar eine lebensgroße Puppe herstellen ließ. Das war eine Art Schaufensterpuppe mit Gesicht und Figur von Marie Antoinette, gekleidet in der allerneuesten Kollektion sowie ausgestattet mit der allerneuesten Haarpracht.

Auch Madame de Pompadour ließ derartige Puppen anfertigen und führte detaillierte Aufzeichnungen über ihre Garderobe, angefangen von formeller Hofkleidung bis hin zur privaten Morgengarderobe. Für ihre berühmten Frisuren samt passenden Accessoires wurden schriftliche Anleitungen verfasst. Madame de Pompadour und Marie Antoinette haben besonders in Bezug auf ihren Einfluss auf die Mode einige Gemeinsamkeiten.

EINE MÄTRESSE REGIERT DIE MODE

Jeanne-Antoinette Poisson, eine der berühmtesten Mätressen in der französischen Geschichte, zog die Aufmerksamkeit des Königs auf sich, als er in der Nähe des Anwesens ihrer Familie auf der Jagd war. Im Jahr 1745 lud er Jeanne zu einem Maskenball nach Versailles ein. Er verkleidete sich als Eibe und sie sich als Hirtin. Diese romantische Begegnung markierte den Beginn ihrer Beziehung. Jeanne wurde zur Geliebten von Ludwig XV. und erlangte sogar den königlichen Titel einer Marquise. So wurde sie zur »Marquise de Pompadour« ernannt.

Als Favoritin des Königs verkörperte sie inoffiziell die Rolle der Königin und entwickelte sich rasch zur Trendsetterin in der Modewelt. Ihre Vorliebe galt den Pastellfarben und dem leichten, verspielten Stil, der charakteristisch für die Epoche des Rokokos war. Ihre Frisur zeichnete sich durch definierte Locken aus, die Haare wurden nach oben gekämmt und hoch über der Stirn getragen. Oft waren sie mit Pompons, Bändern, Schleifen, Perlen, Juwelen und/oder dekorativen Blumen geschmückt. Ihre Erscheinung wurde auf zahlreichen Gemälden verewigt.

Madame de Pompadour hat maßgeblich dazu beigetragen, die Mode der »Turquerie« salonfähig zu machen. Auf mehreren Gemälden ließ sie sich als »Sultana« darstellen, wie auf dem im Folgenden abgebildeten, das sie in »osmanischer« Tracht auf einem Diwan zeigt. Eine dunkelhäutige Dienerin reicht ihr eine Tasse Kaffee. So in etwa hat man sich das Leben am osmanischen Hof

Die Sultana

vorgestellt, in Kleidern, die alles andere als authentisch waren.

Die europäischen Höfe waren seit der Kolonialisierung der »anderen« und vom »Exotischen« fasziniert. Die islamische Welt und allgemein der »Orient« übten schon immer eine gewisse Anziehungskraft auf die westliche Welt aus. Handelsbeziehungen haben nicht nur den Austausch von Waren, sondern auch von Ideen und Inspirationen gefördert. Die Bewegung der »Turquerie« (der europäischen Orient-Rezeption) nahm im 17. Jahrhundert ihren Anfang, als der osmanische Gesandte Sultan Süleyman Agha Müteferrika den französischen Hof unter Ludwig XIV. besuchte. Er brachte nicht nur Kaffee, Tabak und Gewürze mit, sondern entfachte auch die Vorstellungskraft, die sich auf den Stil für Mode, Möbel,

Innenraumgestaltung, Musik und Literatur auswirkte. Auf Maskenbällen war es von da an angesagt, Kleider »à la turque« zu tragen, und viele Damen ließen sich in dieser Aufmachung porträtieren.

Die »Turquerie« des 18. Jahrhunderts breitete sich von Frankreich auf andere europäische Höfe aus. Als »Türkenmode« bezeichnet, fand sie auch ihren Weg zu den Habsburgern. Maria Theresia ließ sich in einer »türkischen« Tracht porträtieren, einer Mischung aus dem scheinbar Bekannten und der Vorstellung, wie osmanische Frauen gekleidet sein könnten. In der österreichischen Musikwelt fand die »Türkenmode« ebenfalls Einzug. Opern und musikalische Werke mit orientalischen Themen oder Elementen wurden komponiert und aufgeführt. Mozarts »Die Entführung aus dem Serail« ist ein bekanntes Beispiel für eine Oper mit »türkischem« Hintergrund, ebenso wie seine Komposition »Rondo alla turca« (Türkischer Marsch).

Es überrascht nicht, dass viele der Stücke, Bücher oder Opern, die das Osmanische Reich thematisierten, oft negative oder sogar rassistische Vorannahmen als Grundlage hatten.

Die Österreicher konnten sich nicht so sehr aus dem Fenster lehnen wie die Franzosen, schließlich waren die Osmanen lange Zeit eine reale Bedrohung gewesen; und man wollte den ehemaligen Feind nicht glorifizieren. Die Verwendung der Türkenmode in Österreich neigte eher dazu, den besiegten Feind zu verhöhnen und zu diskreditieren. Stereotype über die Türken wie »wild«, »leidenschaftlich«, »prahlerisch« und »träge« prägten sich in den Köpfen der Menschen ein.

Turbane und Kaftane dienten Männern als eine Art formelle Freizeitkleidung. Diese Kleidungsstücke wurden nicht zu offiziellen Anlässen getragen, sondern eher bei informellen Zusammenkünften am Hof, bei denen man sich dennoch herausputzen und zurechtmachen wollte. Es war eine Art kostspieliges Hobby und ein Statussymbol, das zur Schau gestellt wurde. Die luftige, lockere und legere Natur dieser Kleidung vermittelte die Vorstellung vom Leben am osmanischen Hof.

Auch die Damenmode »à la turque« unterschied sich stark von der herkömmlichen höfischen Kleidung. Die Kleider im türkischen Stil waren so bunt wie möglich und wiesen oft einen drapierten Gürtel in der Taille in einer kontrastierenden Farbe auf. Ein Hauptmerkmal war die Bequemlichkeit dieser locker sitzenden Kleider im Vergleich zu den steifen Roben »à la française« mit ihren engen Korsetts und breiten Reifröcken.

In der Zeit von Marie Antoinette wurde es zur Mode, komplette Räume im türkischen Stil zu gestalten, inklusive »türkischer« Möbel, Textilien und allem, was dazugehörte. Ein Beispiel dafür ist das »lit à la turque« (franz.: türkisches Bett), ein Bett mit geschwungenen Enden und einem seitlichen Baldachin. Das Design dieses Bettes war keineswegs authentisch, sondern eher von den luxuriösen und romantischen Designs inspiriert, die das Handwerk damals ausmachten. Marie Antoinette folgte diesem Trend und ließ im Jahr 1777 ein Zimmer im türkischen Stil einrichten, das alle charakteristischen Elemente beinhaltete.

Viele Aspekte aus dem Leben von Marie Antoinette ähnelten dem der Madame de Pompadour und genau darin lag das Problem. Eine Mätresse genoss Freiheiten, während eine Königin Pflichten zu erfüllen hatte. Marie Antoinette entsprach mit ihrer Verschwendung und ihrer Selbstverliebtheit mehr der Rolle einer Mätresse als der einer Königin. Hinzu kam, dass ein König traditionell Mätressen hatte, es von ihm geradezu erwartet wurde. Jeder französische König hatte mehrere Mätressen, nur Ludwig XVI. hatte keine – was nicht nur als ungewöhnlich, sondern als äußerst unangemessen empfunden wurde. Der Unmut, der normalerweise gegen die Mätressen gerichtet gewesen wäre, richtete sich stattdessen gegen Marie Antoinette, der einzigen Frau an seiner Seite. Madame de Pompadour wurde verziehen, als sie ihre Strümpfe zeigte. Doch als sich Marie Antoinette öffentlich in Unterwäsche präsentierte, entstand ein beispielloser Skandal.

DIE KÖNIGIN IN UNTERWÄSCHE

Die »chemise à la reine« (franz.: das Kleid der Königin) war ein weißes Kleid aus feinstem indischem Musselin. Ein extremer Kontrast zu den steifen, prunkvollen Roben am französischen Hof. Mit der »chemise à la reine« wollte Marie Antoinette ein neues, einfacheres Mode-Statement setzen und den Trend zu einem natürlicheren und unkomplizierteren Kleidungsstil setzen. Man hatte mehr Bewegungsfreiheit und konnte tief durchatmen.

Musselinkleider waren unter Adeligen und Aristokraten bekannt, allerdings wurden sie als Unterwäsche und als eine Art Nachthemd getragen.

Marie Antoinette im Musselinkleid

Als 1783 auf einer Pariser Kunstausstellung im Louvre ein Porträt von Marie Antoinette in ebendiesem Kleid präsentiert wurde, war der Furor also schon vorprogrammiert. Die Königin zeigt sich in Unterwäsche, hieß es. Das Kleid wäre unangemessen und zu freizügig für eine Königin. Der Aufschrei war so groß, dass die Künstlerin Élisabeth Vigée-Lebrun ein neues Porträt malen musste, die gleiche Pose, nur dieses Mal in formeller Robe im Rokokostil. Dies war zwar der größte, jedoch nicht der erste Skandal, den Élisabeth Vigée-Lebrun mit ihren Gemälden auslöste. Zuvor hatten bereits andere Werke für Aufsehen gesorgt, auf denen Marie Antoinette lächelte und in einigen Fällen sogar ihre Zähne zeigte. Diese Geste stand im krassen Gegensatz zur erwarteten königlichen Würde und hatte ebenso für Empörung gesorgt.

Die Kritik am »chemise à la reine«, auch »robe en chemise« genannt, brach nicht ab, vielleicht auch weil Marie Antoinette das Kleid weiterhin trug, als wäre nichts gewesen. Als Trendsetterin machte sie, respektive Rose Bertin, Baumwolle begehrenswert. Bis zum Ende des Jahrhunderts hatten Baumwolle und Musselin Seide fast vollständig als bevorzugte Stoffe im Modebusiness verdrängt. Die Königin wurde dafür verantwortlich gemacht, dass Tausende Menschen ihren Job in den französischen Seidenfabriken verloren, weil sie nun das indische Musselin bevorzugte. Einige Kritiker warfen Marie Antoinette vor, dass sie mit dem schlichten Kleid die Nähe zum »einfachen« Volk erschleichen wollte und sich damit von der aristokratischen Elite entfernte. Auch die Tatsache, dass ihre Trends vom Bürgertum nachgeahmt wurden, war ein Skandal. Jede ausreichend vermögende Frau konnte sich kleiden wie die Königin. Nach traditionellem Verständnis sollte diese aber jederzeit allen überlegen sein. Das »einfache« Volk hingegen kam sich veräppelt vor. Auf ihrem Anwesen romantisierte Marie Antoinette das eigentlich harte Landleben. Obwohl das Kleid im Vergleich zu der üblichen königlichen Robe schlicht ausfiel, war es trotzdem extrem teuer. Der hauchdünne Stoff wurde aus Indien importiert, die Verarbeitung war sehr aufwendig, ganz zu schweigen von der Reinigung. Zu jener Zeit war es noch immer sehr schwierig, weiße Stoffe für eine längere Zeit weiß zu halten. Weiße Kleidung war ein Statussymbol, mit dem »einfachen« Volk hatte das sehr wenig zu tun.

NOCH EIN SKANDAL IM KÖNIGINNENHAUS

Ein historischer Betrugsfall, an dem sie nachweislich nicht beteiligt war, sollte für Marie Antoinette den Beginn ihres Untergangs markieren. Kein Skandal sollte ihr so sehr schaden wie die Halsbandaffäre. Es handelte sich um ein mit 647 Diamanten besetztes Collier im Wert von rund zwei Millionen Livres, was heute 14 Millionen Euro entsprechen würde. Die Kette wurde ursprünglich im Jahr 1772 von Ludwig XV. in Auftrag gegeben, um sie seiner Mätresse Madame du Barry zu schenken. Nur das teuerste und kostbarste Schmuckstück kam in Frage. Blöderweise starb Ludwig XV., bevor die Kette fertiggestellt wurde. Niemand anders konnte oder wollte sich die Kette leisten. Mehrfach wurde sie auch Marie Antoinette zum Kauf angeboten, doch diese lehnte jedes Mal ab, da sie ihr einfach zu teuer war.

In den Betrug waren zwei Hauptakteure verwickelt: Jeanne de la Motte, eine Hochstaplerin und das Mastermind hinter der ganzen Affäre, sowie Kardinal Louis René Édouard de Rohan-Guémené, der bei Marie Antoinette in Ungnade gefallen war und alles getan hätte, um ihre Gunst zurückzugewinnen. Jeanne de la Motte erzählte ihm, dass sie mit Marie Antoinette befreundet sei und dass die Königin die Kette heimlich haben wollte, sie aber in Zeiten der Krise nicht öffentlich kaufen konnte. Um den Kardinal endgültig zu überzeugen, engagierte sie eine Prostituierte, die sich als Marie Antoinette ausgab, und organisierte ein geheimes Treffen mit dem Kardinal im Garten von Versailles. Er glaubte alles, was ihm präsentiert wurde, sogar dass es sich bei der Frau um Marie Antoinette handelte. Er beschaffte die Kette, vereinbarte mit den Juwelieren sogar eine Ratenzahlung. Doch letztendlich landete die Kette bei der Betrügerin. Der Schwindel flog auf, als mehrere Ratenzahlungen ausblieben und die Juweliere eine Mahnung an den französischen Hof schickten, was peinlich und skandalös zugleich war. Die Wut richtete sich hauptsächlich gegen Marie Antoinette.

Die Angelegenheit geriet nicht in Vergessenheit, wie es bei anderen Gelegenheiten der Fall gewesen war. Im Gegenteil, der Eklat eskalierte, vor allem weil Jeanne nicht aufhörte, gegen die Königin zu hetzen, um sich selbst zu verteidigen. De la Motte wurde zunächst zu öffentlicher Auspeitschung, Brandmarkung und lebenslanger Haft verurteilt. Irgendwie gelang es ihr, als Mann verkleidet aus dem Gefängnis zu flüchten und nach London zu entkommen. Von dort aus veröffentlichte sie zahlreiche Schriften, in denen sie Marie Antoinette heftig attackierte. Der französische Hof schickte ihr Schweigegeld, das sie dankend annahm. Trotzdem setzte sie ihre Angriffe auf Marie Antoinette fort. Ihr Mann hatte nämlich in der Zwischenzeit das gesamte Geld aus dem Verkauf der Diamanten der Halskette verprasst. Sie befanden sich in finanziellen Schwierigkeiten und jeder Groschen kam ihnen gelegen. Nicht zuletzt deswegen veröffentlichte sie ihre Memoiren. Um zu verhindern, dass sich diese in Paris verbreiteten, kaufte der König alle Exemplare auf und ließ sie verbrennen. Doch wie es so oft ist, tauchte irgendwo ein Exemplar wieder auf, wurde kopiert und verbreitete sich in rasender Geschwindigkeit.

Marie Antoinette hatte zweifelsfrei nichts mit der gesamten Geschichte zu tun. Dennoch suchte man die Schuld direkt bei ihr, denn hätte sie sich an die Kleiderordnung gehalten, wäre all das nie passiert. Die Vorstellung, dass die Königin mit einer Prostituierten verwechselt wurde, war undenkbar. Sie hatte eine »robe en chemise« getragen. Ein direkter Stich ins Herz des »Ancien Régime«, die gesellschaftliche Ordnung im absolutistischen Frankreich. Dass es überhaupt dazu kommen konnte, dass eine Prostituierte mit einer Königin verwechselt wurde, ging auf Marie Antoinettes Kappe. Wäre sie doch einfach »nur« Königin gewesen!

Das Ancien Régime war mit Ausbruch der Französischen Revolution im Jahr 1789 Geschichte. Rose Bertin verlor einen Großteil ihrer Aufträge. Bis zuletzt war sie aber für Marie Antoinette tätig, führte Änderungen an ihren Kleidern durch und kreierte die Trauerkleidung, die Marie Antoinette nach der Hinrichtung Ludwigs XVI. trug. Das war ihr letzter großer Auftrag. Marie Antoinette hingegen trug bei ihrem letzten großen Auftritt, dem Gang zum Schafott, ein bodenlanges weißes Kleid aus Baumwolle.

Kapitel 6

KAISER DER FAKE NEWS

Napoléon Bonaparte, ein Selfmademan aus einfachen Verhältnissen, der sich selbst zum Kaiser der Franzosen krönte. Ein Name, der nicht nur in den Geschichtsbüchern verewigt ist, sondern auch im kollektiven Gedächtnis der Welt. Als einer der Ersten erkannte er, wie mächtig die Waffen der zur Propaganda genutzten Fake News sein konnten. Mit gezielten Nachrichten, die die Wahrheit verdrehten oder dramatisch übertrieben, gelang es ihm, seine militärischen Erfolge zu glorifizieren und seine politische Agenda voranzubringen. Die Selbstdarstellung seiner Person und seiner Taten brachte ihm nicht nur Bewunderung ein, sondern schuf auch die Grundlage für die Entstehung zahlreicher Mythen und Legenden, die sich heute noch um seine Person ranken. Die Geschichten rund um seine Person prägten sogar einen Begriff, der bis heute in der Psychologie verwendet wird – den »Napoleon-Komplex«. Dieser Begriff beschreibt das Verhalten von Menschen, die aufgrund ihrer geringen Körpergröße Minderwertigkeitskomplexe entwickeln und versuchen, diese durch aggressives Verhalten und extreme Eigeninszenierung auszugleichen. Ironischerweise war Napoleon »gar nicht so klein«, wie viele heute annehmen.

Am 15. August 1769 wurde Napoleon auf Korsika geboren. Er stammte aus einer verarmten und unbedeutenden Adelsfamilie. Nach seiner Geburt wurde die Insel im Mittelmeer unter französische Herrschaft gebracht. Napoleon erlebte als Kind die Unterdrückung der Bevölkerung durch die französische Besatzung hautnah mit. Seine Muttersprache war eigentlich Italienisch. Im Alter von neun Jahren erhielt er gemeinsam mit seinem jüngeren Bruder Joseph ein königliches Stipendium für bedürftige Adelige, um das Collège in der französischen Stadt Autun zu besuchen, wo sie vor allem die französische Sprache erlernten. Ein Jahr später, im Jahr 1779, wurde er in der königlichen Militärschule von Brienne aufgenommen.

Schon in jungen Jahren zeigte Napoleon beeindruckende Fähigkeiten im Bereich militärischer Strategie. Seine umfassende militärische Ausbildung in Frankreich sollte entscheidenden Einfluss auf seine spätere Karriere haben. Inmitten der Wirren der Französischen Revolution und der damit verbundenen politischen Unsicherheit fand Napoleon in der Armee die Möglichkeit, sich einen Namen zu machen. Gleichzeitig hegte er die Hoffnung, dass die Revolution auf Korsika überschwappen und seine Heimat von der französischen Monarchie befreien würde. Immer wieder beantragte er Urlaub von seinen militärischen Verpflichtungen in Frankreich, um Aufstände auf Korsika anzustiften. Trotz seiner Bemühungen konnte er die angestrebte Unabhängigkeit nicht erreichen und sah sich schließlich 1793 gezwungen, seine Heimat endgültig zu verlassen. Paradoxerweise verwandelte er sich nun in einen französischen Patrioten, änderte sogar seinen Namen von »Napoleone di Buonaparte« in »Napoleon Bonaparte«, um ihn französischer wirken zu lassen.

Er demonstrierte sein Können bei zahlreichen innenpolitischen Eroberungen und zog dabei die Aufmerksamkeit politischer Führer und Generäle auf sich. Sein Talent als Kriegsführer war zweifellos beeindruckend. Napoleon war aber auch ein talentierter Netzwerker, einen nicht unwesentlichen Teil seines Aufstieges verdankte er dem »Vitamin B« (wie Beziehungen). Sein Ansehen als militärisches Genie wuchs rasant, insbesondere nach seinen triumphalen Feldzügen. In Italien beispielsweise besiegte er Österreich und er marschierte in Ägypten ein. Hunderte von Kunstwerken, darunter eine beträchtliche Anzahl von Meisterwerken der Hochrenaissance und des Barocks, wurden in Italien beschlagnahmt und in die Sammlung des Louvre aufgenommen. Die »Mona Lisa« befand sich zeitweise in seinem Schlafzimmer, bevor sie schließlich wieder ihren Platz im Louvre fand. Fairerweise muss man sagen, dass die »Mona Lisa« damals bei weitem nicht den heutigen Ruhm genoss. Unter Kunstkennern wurde sie stets geschätzt, aber ihren heutigen Kultstatus erreichte sie erst 1911 nach einem aufsehenerregenden Diebstahl.

DER STEIN KOMMT INS ROLLEN

Während Napoleons Ägyptenfeldzug (1798–1801) entdeckte seine Truppe den berühmten Stein von Rosetta, der später das Fundament für das aufkommende Fachgebiet der Ägyptologie legte. Dieser historische Fund wurde außerhalb der Stadt Rosette (heute El-Rashid), in einer Mauer verbaut, gefunden. Der Stein trägt eine Inschrift in drei verschiedenen Schriftarten: Hieroglyphen, Demotisch (eine spätere Form der ägyptischen Schrift) und Altgriechisch. Die griechische Inschrift auf dem Stein, der übrigens nicht vollständig erhalten gefunden wurde, ist der Schlüssel zur Entzifferung der Hieroglyphen, da die griechische Sprache zu dieser Zeit gut bekannt war. Im Grunde genommen handelte es sich um einen königlich-päpstlichen Erlass aus dem Jahr 196 v. Chr., der während der Herrschaft von Ptolemaios V. Epiphanes in drei verschiedenen Sprachen verfasst wurde, um die mehrsprachige Bevölkerung zu erreichen. Ursprünglich befand sich das in Stein gemeißelte Dekret, auch unter »Dekret von Memphis« bekannt, im Tempel neben der Königsstatue. Diese Entdeckung stellte einen bedeutenden Meilenstein dar, da sie vertiefte Einblicke in die Kultur, Geschichte und Zivilisation des Alten Ägypten ermöglichte. Bald verbreiteten sich Gipsabgüsse des Steins in europäischen Museen und unter Wissenschaftler*innen, was die Forschung rasch vorantrieb. Die Hieroglyphen gingen viral, in jeder Hinsicht, und lösten einen Hype in erster Linie unter wohlhabenden Menschen in Europa aus. Sie trugen Namensanhänger in Hieroglyphenschrift, und Hieroglyphenmuster wurden in Kunst, Schmuck und Mode verwendet.

Die neuen Erkenntnisse führten zu einer allgemeinen Faszination und Begeisterung für das Antike Ägypten. Dieses Phänomen, das besonders unter europäischen Eliten und »Neureichen« im 19. Jahrhundert als Hobby betrieben wurde, wird auch Ägyptomanie genannt. Es gehörte zum guten Ton, Ausgrabungen zu finanzieren, persönlich daran teilzunehmen oder zumindest eine Reise nach Ägypten zu unternehmen, um ehemalige Grabbeigaben und sogar Mumien als Souvenirs mitzubringen. Wohlhabende Eliten, die zu ihrem Privatvergnügen eine Expedition an den Nil unternahmen, können wir als erste »Reiseblogger*innen« bezeichnen. Mumien-Auswickelpartys waren zu dieser Zeit beliebte soziale Events, bei denen gut erhaltene ägyptische Mumien ausgepackt und untersucht wurden. Solche Veranstaltungen wurden häufig von Archäolog*innen, Forscher*innen und wohlhabenden Sammler*innen organisiert.

Die Mumien wurden oft in Sarkophagen oder anderen Behältern geliefert, und die Teilnehmer*innen der Party hatten die Gelegenheit, die Verpackungen zu öffnen, die Mumie buchstäblich auszuwickeln und sie und ihre beigefügten Gegenstände zu inspizieren. An dieser Stelle sei erwähnt, dass die Praxis der Mumifizierung im Alten Ägypten nicht auf hochrangige Personen beschränkt war. Im Alten Ägypten glaubte man an das Leben nach dem Tod. Um sicherzustellen, dass der Körper für die Reise ins Jenseits gut erhalten blieb, wurde er mumifiziert. Die Mumifizierung war daher eine weit verbreitete religiöse und spirituelle Praxis, die im Wesentlichen für Menschen aus allen Gesellschaftsschichten zugänglich war. Der Aufwand der durchgeführten Mumifizierung und der Umfang sowie die Art der Grabbeigaben variierten je nach sozialem Wohlstand. Kurz gesagt, wer im irdischen Leben arm war, war es auch im Jenseits.

Die Freizeitbeschäftigung führte zu einer enormen Nachfrage nach Mumien, die schließlich nicht mehr befriedigt werden konnte. Die Beschaffung »echter« Mumien gestaltete sich immer schwieriger. Als Konsequenz entstand ein Markt für gefälschte oder zusammengesetzte Mumien. In letzteren Fällen wurden Körperfragmente aus verschiedenen Quellen verwendet, um scheinbar vollständige Mumien zu bilden. Manchmal wurden sogar moderne Leichen oder Tierkörper so präpariert, dass sie den Anschein von antiken Mumien erweckten. Ziemlich makaber. Doch das waren längst nicht alle Verwendungen, die man für ägyptische Mumien fand. In pulverisierter Form wurden sie als vermeintliches Allheilmittel namens »Mumia« genutzt. Schon im 15. Jahrhundert war Mumia äußerst populär, nicht zuletzt wegen der Befürwortung durch den berühmten Arzt und Alchemisten Paracelsus, der positive Wirkungen auf Körper und Geist propagierte. Aufgrund des Mangels an echten Mumien im 19. Jahrhundert griff man zu Tiermumien, um sie zu pulverisieren und als scheinbar authentisches menschliches Mumienpulver zu verkaufen. Tiermumien waren sonst, im Gegensatz zu heute, von geringem Wert und Bedeutung. Nach dem Fund eines riesigen Massengrabes 1888 wurde die »Ware« per

Schiff von Ägypten nach England gebracht. Die Lieferung enthielt unter anderem 180 000 Katzenmumien. Mit so vielen mumifizierten Tieren wusste man nicht viel anzufangen, also wurden sie zermahlen und landeten als Düngemittel auf englischen Feldern. Außerdem nutzten europäische Künstler*innen bereits ab dem 16. Jahrhundert bis ins frühe 20. Jahrhundert hinein ein Pigment, das aus zermahlenen Mumien gewonnen wurde. Dieses Pigment, bekannt als »Mumienbraun«, erfreute sich aufgrund seiner intensiven Farbqualität großer Beliebtheit. Die Faszination für Ägypten spiegelte sich auch in alltäglichen Objekten wider, sei es in Möbeln und Schmuckstücken mit Hieroglyphendekoration oder in der Integration ägyptischer Motive in die Architektur. Wie bereits im vorherigen Kapitel im Kontext der Turquerie erwähnt, begann die Anziehungskraft des »Orients«, der aus europäischer Perspektive alles östlich von Europa umfasste, bereits weit früher. Im Verlauf des gesamten 18. Jahrhunderts nahm das Interesse an einem wissenschaftlichen Diskurs zu. Vor allem französische Gelehrte erwarben kontinuierlich neues Wissen über den sogenannten Orient. In Frankreich öffnete Antoine Gallands Übersetzung von »1001 Nacht« zwischen 1704 und 1717 die Tore zu einer konstruierten mystischen und exotischen Welt. Mit Napoleons Einzug in Ägypten wurde der ins Rollen gebrachte Stein weiter angeschoben. Napoleon wurde dabei nicht nur von 38 000 Soldaten begleitet, sondern auch von einem Gefolge von mehr als 160 Wissenschaftlern und Künstlern, die den Auftrag erhielten, eine Art Imagekampagne durchzuführen: Ägypten beziehungsweise der Orient sollte für den Westen respektive für die europäische Öffentlichkeit zugänglicher gemacht werden.

Im Jahr 1809 veröffentlichte die französische Regierung den ersten Teil der »Description de l'Égypte« (franz.: Beschreibung Ägyptens). Diese umfangreiche Sammlung erstreckte sich über insgesamt 24 Bände, die allesamt von der französischen Regierung gesponsert wurden. Sie fasste die Beobachtungen, Forschungen und sämtliche Ergebnisse im Bereich Wissenschaft und Kunst zusammen, die während der Expedition der französischen Armee in Ägypten durchgeführt wurden. Die »Description de l'Égypte« stellte das einflussreichste Werk über das zeitgenössische Ägypten dar. Gemeinsam mit veröffentlichten Reiseberichten damaliger »Reiseblogger« bildete sie die hauptsächliche Inspirationsquelle für Schaffende in Kunst und Kultur. Ein gutes Beispiel für die Umsetzung dieser Einflüsse ist Giuseppe Verdis Oper »Aida«, die im Jahr 1871 in Kairo uraufgeführt wurde.

Der »Orient« wurde gern als Ort von Geheimnissen, Mysterien und esoterischer Weisheit dargestellt. Im Folgenden werde ich den Begriff Orient verwenden, um den historischen Kontext zu verdeutlichen. Es ist jedoch wichtig zu betonen, dass dieser Begriff heute als problematisch und ethnozentrisch angesehen wird, da er die kulturelle Vielfalt der betroffenen Regionen vernachlässigt. Diese Regionen umfassen den Nahen Osten, Nordafrika, Zentral- und Südasien sowie teilweise Südosteuropa. Wenn von »Orient« gesprochen oder das Attribut »orientalisch« verwendet wird, werden all diese Gebiete homogenisiert, also unter einen Kamm geschoren.

In vielen Fällen präsentierten »orientalistische« Beschreibungen Menschen aus diesen Kulturen als passiv, unterwürfig und minderwertig im Vergleich zu den vermeintlich überlegenen westlichen Menschen. Männer wurden oft als träge, räuberisch oder kriegerisch porträtiert, während Frauen entweder verschleiert und unterdrückt oder freizügig und verführerisch dargestellt wurden. In diesem Zusammenhang wird von Orientalismus gesprochen. Er verstärkte ein Gefühl kultureller Überlegenheit: Die Darstellungen richteten sich vorrangig an die europäische Zielgruppe, wodurch der Fokus nicht auf einer authentischen Wiedergabe lag. Stattdessen wurden bereits existierende Stereotype und Vorstellungen darüber, wie der »Orient« aussehen sollte, wiederholt. Dieser Einfluss zeigt sich besonders eindrucksvoll in der europäischen Kunstproduktion des 19. Jahrhunderts. Einige der populärsten Szenen, die die westliche Ästhetik maßgeblich beeinflusst haben, sind Darstellungen von Harems. Interessanterweise hatte keiner der Künstler jemals einen solchen Harem persönlich betreten, was zweifellos die Faszination erhöhte. Die künstlerischen Interpretationen basierten auf einer Mischung aus Gerüchten, Vorurteilen, Reiseberichten und einer beträchtlichen Portion Fantasie. Die ersten orientalistischen Gemälde waren als Propaganda zur Unterstützung von Napoleons Aktivitäten in Ägypten gedacht. Sie porträtierten den Orient als einen Ort der Rückständigkeit, der durch die französische Herrschaft aufgeklärt werden musste. Eines dieser Bilder war »Napoleon im Pesthaus in Jaffa«, erstellt im Jahr 1804 von Antoine Jean Gros, ein Schüler von Napoleons Lieblingsmaler und PR-Manager Jacques Louis David. Er malte es, ohne jemals selber dort gewesen zu sein. Das Gemälde zeigt Personen in exotischen Gewändern, umgeben von prächtiger Architektur. Es zeigt Napoleon als Retter und Helfer in der Not, während er pestkranke Gefangene besucht. Er wird als volksnah und furchtlos dargestellt, selbst vor der Pest kennt er keine Angst. Er berührt sogar einen erkrankten Gefangenen, wobei die Soldaten hinter ihm sichtlich angestrengt sind, den elenden Zustand auszuhalten. Dieses Gemälde sollte Napoleons heroisches Image und seine zivilisatorische Mission unterstreichen.

Der Ägypten-Feldzug Napoleons hat, wie wir sehen können, einiges ins Rollen gebracht. Der Rosetta-Stein ist letztendlich nicht in Paris, sondern in London gelandet. Er gelangte im Zuge der Einnahme Ägyptens durch britische Truppen, unter der Führung von General Sir Ralph Abercromby, im Jahr 1801 nach Großbritannien. Der Stein wurde in das British Museum in London gebracht, wo er bis heute ausgestellt und Teil einer Debatte über die Rückgabe von Artefakten in ihre ursprünglichen Herkunftsländer ist. Viele argumentieren, dass der Stein sowie etliche andere Exponate während der Kolonialzeit aufgrund fragwürdiger Umstände entführt wurden.

Während dieser Expedition eroberten die Briten Ägypten von den Franzosen zurück, die unter der Führung von Napoleon dort eingesetzt worden waren. Napoleons Expedition nach Ägypten hatte in Alexandria vielversprechend begonnen, war jedoch in einem Desaster geendet. Er hatte hohe Ambitionen und strebte danach, in die Fußstapfen von Alexander dem Großen zu treten. Als erfolgreicher Eroberer nach Europa zurückzukehren und dort weiterzumachen. Frankreich strebte nach Einfluss im Mittelmeerraum. Ägypten war ein bedeutender Handelsknotenpunkt zwischen Europa, Asien und Afrika. Die Kontrolle über ägyptische Häfen und Handelsrouten sollte die französische Wirtschaft stärken und zugleich den ewigen Feind Großbritannien zurückdrängen. Offizielle Begründung für den Einmarsch nach Ägypten war aber eine andere. Selbstlos präsentierte sich Frankreich als Retter des ägyptischen Volkes, welches es von der Herrschaft der Mamluken, die unter osmanischer Kontrolle standen, befreien und ihnen die Türen zur westlichen zivilisierten Welt öffnen wollte. Ein typisches Muster für den europäischen Kolonialismus. Eine Mischung aus arroganter Überlegenheitsfantasie und kalkuliertem Helfersyndrom, mit dem vorrangigen Ziel, die kolonialisierten Gebiete und Völker zu instrumentalisieren und auszubeuten. Das sollte sich im folgenden Jahrhundert zum Erfolgsmodell entwickeln. Frankreichs Versuch, Ägypten zu kolonialisieren, scheiterte letztendlich an der Überschätzung der eigenen »weißen Superiorität«, Napoleons fehlendem Autoritätsanspruch in den Regionen und mangelnder militärischer Unterstützung. Großbritannien war stark daran interessiert, die französische Expansion in Ägypten zu stoppen, um seine eigenen Interessen und seinen Einfluss im östlichen Mittelmeer zu schützen. Eine der entscheidendsten Aktionen, die Großbritannien gegen Napoleons Expedition unternahm, war die Seeschlacht bei Abukir 1798. Die Briten gewannen die Schlacht und zerstörten einen Großteil der französischen Flotte, was die Franzosen in Ägypten isolierte und ihnen die Vormachtstellung im östlichen

Mittelmeer nahm. Nach der Seeschlacht bei Abukir führte Großbritannien eine Seeblockade um Ägypten durch, um die Versorgungslinien der Franzosen zu unterbrechen. Dadurch wurden die französischen Truppen von Nachschub abgeschnitten, was ihre Position in Ägypten erheblich schwächte. Die Belagerung von Akkon (auch Acre genannt) gilt als der Dolchstoß. Akkon war eine strategisch bedeutende Stadt an der Küste des Osmanischen Reiches, die von den Franzosen belagert wurde. Die Belagerung von Akkon dauerte fast zwei Monate, von März bis Mai 1799. Während dieser Zeit kämpften die französischen Truppen unter Napoleon gegen die osmanische Verteidigung und die britischen Flottenstreitkräfte, die die osmanischen Truppen unterstützten. Die Franzosen setzten Belagerungswaffen ein und versuchten, die Stadtmauern zu durchbrechen, um in die Stadt einzudringen. Die Belagerung war für beide Seiten äußerst hart und brutal. Krankheiten, Hunger und die intensiven Kämpfe führten zu vielen Opfern. Trotz wiederholter Angriffe und Bemühungen der Franzosen gelang es ihnen nicht, die Stadt einzunehmen. Die osmanische Verteidigung blieb standhaft und die britische Marine spielte eine wichtige Rolle bei der Versorgung und Unterstützung der Stadt. Letztendlich scheiterte Napoleons Versuch, Akkon einzunehmen. Dies war ein entscheidender Rückschlag für die französischen Truppen und trug dazu bei, dass die Ägyptische Expedition scheiterte und das Ziel, das Land zu erobern und zu kontrollieren, nicht erreicht werden konnte.

MEDIENMACHT UND IMAGEKONTROLLE

Militärisch waren während der Ägyptischen Expedition enorme Verluste zu beklagen. Hunderte Männer verloren ihr Leben. Napoleon ließ einen beträchtlichen Teil seiner Truppen in Ägypten und kehrte 1799 nach Paris zurück, wo er wie ein Held gefeiert wurde. Zuvor hatte er berichten lassen, dass die Stadt Akkon dem Erdboden gleichgemacht worden war. Das war erschreckend unwahr, konnte aber im fernen Paris nicht überprüft werden. Er verstand es außerordentlich gut, seine Erfolge zu präsentieren, aber noch besser seine Niederlagen zu beschönigen oder gar zu verbergen. Eine Fake-News-Strategie, die er von Beginn seiner Laufbahn verfolgte. Jahrhunderte vor Napoleon wurden Fehl- und Desinformation als Mittel eingesetzt, um Feindbilder zu verstärken und die eigene Bevölkerung zu mobilisieren, doch er wird oft als der erste moderne Propagandist betrachtet. Eine seiner bedeutendsten Neuerungen war die unmittelbare Kommunikation mit seinen Untertanen. Indem er regelmäßig von ihm persönlich diktierte Berichte über siegreiche Schlachten und heldenhafte Taten veröffentlichte, sprach er seine Basis direkt an, vor allem seine geliebte »Grande Armée« (so wurde die Armee genannt, die von Napoleon während seiner Herrschaft über das französische Kaiserreich aufgestellt wurde). Aber auch die breite Öffentlichkeit, darunter die Bauernschaft, Stadtbewohner*innen, Diplomaten, ausländische Führer und die Siedler*innen in den eroberten Gebieten, erreichte er auf diese Weise.

Napoleon kontrollierte zudem die Veröffentlichung von Nachrichten und Informationen, um sicherzustellen, dass sein Image positiv ausfiel und Kritik unterdrückt wurde. Er griff aktiv in die Pressefreiheit ein, indem er Zeitungen zensierte; von 73 Zeitungen verbot er 60. Diese drastische Zensur beschnitt die Errungenschaften der Französischen Revolution – Freiheit, Gleichheit und Brüderlichkeit. Ein Beispiel dafür war die französische Tageszeitung »Le Moniteur Universel«, die während der Revolution eine wichtige Rolle gespielt hatte. Am 2. Dezember 1799 wurde sie zur offiziellen Zeitung der französischen Regierung erklärt und von da an durch Napoleon kontrolliert. Er nutzte auch Bulletins als wirkungsvolle Propagandainstrumente. Diese offiziellen Berichte wurden während militärischer Kampagnen herausgegeben. Sie lieferten aktuelle Informationen über militärische Ereignisse, Schlachten, Siege, Verluste und andere relevante Entwicklungen. Die Bulletins wurden nicht nur in Zeitungen wie »Le Moniteur Universel« abgedruckt, sondern auch an Kirchen und Rathäusern im ganzen Land angebracht. Über die Informationsübermittlung hinaus dienten sie der psychologischen Kriegsführung. Sie trugen dazu bei, die Moral der eigenen Truppen zu heben und die Feinde zu demoralisieren. Napoleon setzte diese Bulletins geschickt ein, um seine Erfolge hervorzuheben, seine Führungsqualitäten zu betonen und Macht und Einfluss in der Öffentlichkeit zu festigen. Die strategisch platzierten Berichte waren gewissermaßen Vorläufer moderner Pressemitteilungen, die sowohl taktische als auch propagandistische Ziele verfolgten: Die öffentliche Meinung ließ sich damit beeinflussen, die eigene Position stärken.

Napoleon war ein Meister darin, sich auf innovative Weise medienwirksam zu präsentieren, und er nutzte gleichzeitig das traditionelle Marketinginstrument – die Kunst.

DIE MARKETINGSTRATEGIE DES SELFMADE-KAISER

Im Jahr 1802 ernannte er Dominique-Vivant Denon zum ersten Generaldirektor des Musée central des Arts, das 1804 in Musée Napoléon (franz.: Napoleon-Museum) umbenannt wurde. Dabei handelt es sich um den heutigen Louvre. Nach der Revolution wurde der Louvre für alle Bürger*innen frei zugänglich, was eine bemerkenswerte Neuerung darstellte. Zuvor war diese Institution der Kunst und Kultur der herrschenden und gehobenen Schicht vorbehalten gewesen. Der Louvre beherbergte nicht nur Werke, die Napoleon während seiner Feldzüge mitgehen ließ, sondern auch über 80 Porträts von ihm selbst. Diese Porträts waren herrschaftlich arrangiert, folgten dem Stil des Neoklassizismus und orientierten sich an bekannten allegorischen Darstellungen. In der Hinsicht war Dominique-Vivant Denon eine Art PR-Manager, indem er den Künstler*innen genaue Anweisungen gab, wie sie Napoleon malen sollten. Thema sollten stets seine militärischen Erfolge und sein Image als kraftvoller Anführer sein. Das Gemälde »Die Krönung Napoleons«, gemalt von Napoleons offiziellem Maler Jacques-Louis David im Jahr 1807, ist eines der Image bildenden Werke aus der Sammlung des Louvre. Auf dem Gemälde wird allerdings nicht unmittelbar die Krönung

Napoleons abgebildet und es gibt einige weitere Unstimmigkeiten in der Darstellung.

Nach einem Staatsstreich im Jahr 1799 beendete Napoleon Bonaparte effektiv die Französische Revolution. Zum Ersten Konsul Frankreichs ernannt, wurde er der Chef der neuen Regierung. Dadurch erlangte er politische Macht, die er dringend brauchte, um sich als Retter der Nation zu inszenieren und die Zustimmung der Bevölkerung zu gewinnen. So legte er den Grundstein für den Höhepunkt seiner Karriere: die Do-it-yourself-Krönung zum ersten Kaiser der Franzosen. Es ist durchaus ironisch: Die Französische Revolution hatte mit dem Sturz der Monarchie und der systematischen Exekution der Aristokratie begonnen. Doch letztendlich wurde sie von jemandem beendet, der sich selbst zum Kaiser ernannte. So viel dazu, dass die Revolution die autoritäre Herrschaft abgeschafft hätte. Obwohl Napoleon nicht sämtliche Prinzipien der Revolution aufgab, schienen die erkämpften Ideale von »Freiheit, Gleichheit und Brüderlichkeit« oft in den Hintergrund zu treten angesichts seiner politischen Ambitionen und dem Druck, seine eigene Macht zu konsolidieren. Das führte zwangsläufig zu einem Regierungsstil, der von Widersprüchen geprägt war. Napoleon ergriff sowohl liberale als auch autoritäre Maßnahmen. Zum Beispiel schaffte er die feudalen Strukturen ab und führte den »Code Napoléon« (auch als Code Civil bekannt) ein, der liberale Prinzipien wie die Gleichheit vor dem Gesetz und den Schutz individueller Rechte betonte. Er hob die meisten Adelstitel auf und führte ein System ein, das auf individuellen Fähigkeiten basierte, um in der Gesellschaft aufzusteigen. Er sah sich selbst als ideales Vorbild des Selfmademans. Aber er verlieh Adelstitel an seine Familienmitglieder, was stark im Widerspruch mit seinen propagierten Werten stand. Obwohl seine Regierung für Frankreich Fortschritte brachte, verursachte sie auch Leid in den besetzten Gebieten. In vielen europäischen Ländern wurden Souveränität und Selbstbestimmung beschnitten, als Napoleon sie unter seine Kontrolle brachte. Seine Expansionspolitik erforderte immense finanzielle Ressourcen, die oft durch hohe Steuern und Plünderung eroberten Gebiets aufgebracht wurden. Über die Folgen wirtschaftlicher Instabilität hinaus unterdrückte Napoleons Politik der territorialen Integration anderer Nationen kulturelle Identitäten, was den Nationalismus in den eroberten Gebieten stärkte. Ganz zu schweigen von den Menschenleben, die den militärischen Konflikten zum Opfer fielen. Nicht zuletzt sind auch die Unterdrückung der politischen Opposition und die massive Einschränkung der Meinungs- und Pressefreiheit zu nennen. So hatte er leichtes Spiel, die öffentliche Meinung zu beeinflussen.

Während der Krönungszeremonie in der Kathedrale Notre-Dame in Paris setzte Napoleon sich wortwörtlich selber die Krone auf den Kopf. Was nach einem maximal übersteigerten Egotrip aussah, war in Wirklichkeit eine kalkulierte politische Entscheidung, die zweifellos auch von seiner egozentrischen Persönlichkeit angetrieben wurde. Mit der Selbstkrönung in Eigenregie wollte er verdeutlichen, dass seine Kaiserwürde nicht aus einem göttlichen Recht resultierte, sondern aufgrund seiner persönlichen Leistungen zustande kam. Darüber hinaus demonstrierte er, dass er sich nicht der Autorität des Klerus unterwarf. Papst Pius VII., der bei der Krönungszeremonie anwesend war, wusste, dass er seine traditionelle Aufgabe abgeben würde müssen. Der Papst war nämlich die Person, die für gewöhnlich den Akt der Krönung vornahm. Dennoch hatte seine Anwesenheit diplomatische Bedeutung, weil sie die religiöse Legitimität des Ereignisses unterstrich und diejenigen besänftigen sollte, für die die religiöse Dimension der Kaiserkrönung von Bedeutung war. Dies ist ein weiteres Beispiel dafür, wie genau Napoleon darauf achtete, die Gemüter seiner Follower*innen nicht zu erregen oder zu verärgern.

Die Krönung Napoleons

Die Szene, in der Napoleon die Krone mit aufgeblasener Brust demonstrativ in die Höhe hält, bevor er sie sich auf den Kopf setzt, ist in einer Entwurfszeichnung von Jacques-Louis David festgehalten. Der Papst ist fast beleidigt dargestellt, zusammengekauert, mit den Händen im Schoß. Napoleon war mit dem Entwurf nicht zufrieden. Er war sich bewusst, welche Botschaft diese Darstellung vermitteln konnte. Als despotischer neuer Kaiser, dem gegenüber sogar der Papst unterwürfig ist, wollte er nicht gesehen werden. Also ordnete er an, die Krönung seiner Ehefrau Joséphine zu malen. Er forderte auch eine lebhaftere Version des Papstes. In der finalen Version ist der Papst aufrecht sitzend zu sehen, er zeigt zustimmend auf das Kaiserpaar. Insgesamt sind 204 Personen in Gruppen auf dem Gemälde dargestellt. Die zentrale Szene zeigt Joséphine, wie sie vor Napoleon kniet, der mit beiden Händen eine Krone über ihrem Haupt hält – bereit, seine Gemahlin zur ersten Kaiserin Frankreichs zu krönen. Die Mutter Napoleons war bei dem Event nicht anwesend; sie wurde zentral, zwischen den Ständen, abgebildet. Auch Napoleons Bruder war wegen eines Streits nicht anwesend, ist auf dem Gemälde aber zu sehen. Ein wesentlicher Bestandteil der Inszenierung als makelloser Herrscher war mit Sicherheit die Präsentation eines harmonischen Familienlebens und die Kommunikation uneingeschränkter Unterstützung seitens seiner Familie. Doch diese scheinbare Harmonie war keineswegs real. Napoleon Bonaparte hatte insgesamt sieben Geschwister, er war der zweitälteste von ihnen. Als Familienoberhaupt stellte er hohe Erwartungen an seine Brüder und Schwestern. Er wollte, dass sie seine Entscheidungen in

Bezug auf ihr Privatleben akzeptierten, einschließlich der Eheschließungen seiner Schwestern mit europäischen Adeligen, die seinen politischen Interessen dienten. Sein ältester Bruder Joseph Bonaparte regierte beispielsweise als König von Spanien. Für seinen jüngeren Bruder Louis Bonaparte erschuf Napoleon das Königreich Holland und ernannte ihn zum Oberhaupt. Rivalitäten und Eifersüchteleien zwischen den Geschwistern führten zu Intrigen und Konflikten, sie strebten nach eigener Unabhängigkeit und Macht innerhalb des napoleonischen Imperiums.

Während der Kaiser nicht nur im Clinch mit einem Großteil Europas lag, geriet er auch wiederholt in Streitigkeiten mit seiner eigenen Familie. Er schreckte selbst davor nicht zurück, seine große Liebe für die Kaiserwürde aufzugeben. Im März 1796 heiratete er Joséphine de Beauharnais. Ihre aristokratische Abstammung und ihre Verbindungen zur politischen Elite in Frankreich waren entscheidende Faktoren für diese Eheschließung. Obwohl die Verbindung anfangs aus politischen Gründen zustande kam, entwickelte sich zwischen ihnen eine tiefe emotionale Bindung, die in leidenschaftlichen Briefen Napoleons an Joséphine zum Ausdruck kam und seine starke Zuneigung und Sehnsucht nach ihr zeigte. Kaiserin Joséphine hatte zwei Kinder aus ihrer vorherigen Ehe, aber keine leiblichen Kinder mit Napoleon. 1810 wurde ihre Ehe einvernehmlich und scheinbar ohne Konflikte von Napoleon selbst per Dekret für ungültig erklärt. Die Trennung soll für Napoleon sehr schmerzhaft gewesen sein, aber er selbst hatte den Liebeskummer verursacht und in Kauf genommen. Seine Nachfolge und die Sicherung der Zukunft seiner Herrschaft waren ihm wichtiger. Weil ihm Joséphine keine Erben gebar, war der Fortbestand seiner Dynastie gefährdet. Eine Lage, in die sich Napoleon mit seiner Krönung zum Kaiser selbst gebracht hatte. Auch hier zeigt sich ein Widerspruch zu den republikanischen Prinzipien der Französischen Revolution. Diese hatte die Monarchie in Frankreich beendet und das traditionelle Geburtsrecht auf die Thronfolge abgeschafft. Napoleon stellte beides wieder her und musste nun eine Lösung für das neue alte Problem finden. Schon bald hatte er eine Dame im Visier: Marie Louise, Erzherzogin von Österreich, die Tochter des österreichischen Kaisers Franz II. Dessen Tante war die einstige französische Staatsfeindin Nr. 1 gewesen, Marie Antoinette.

Napoleon konnte die Ankunft seiner zukünftigen Braut in Paris nicht erwarten und eilte ihr entgegen. Bei einem Pferdewechsel, der bei tagelangen »Braut-Überfahrten« üblich war, stieg er in ihre Kutsche ein und brach dabei sämtliche Protokollregeln. In derselben Nacht wurde die Ehe vollzogen, noch bevor sie offiziell geschlossen wurde. Wenn man sich selbst zum Kaiser krönen konnte, konnte man sich auch selbst verheiraten. Neun Monate später lag Marie Louise in den Wehen. Die Geburt war so kompliziert, dass Napoleon entscheiden musste, ob die Ärzte das Leben seiner Gattin oder das des Kindes retten sollten. Entsprechend groß war die Freude, als das Baby unter Zuhilfenahme einer Zange geboren wurde, Mutter und Kind die Tortur überlebten und sich das Neugeborene noch dazu als Junge herausstellte.

Durch die Heirat mit einer österreichischen Prinzessin strebte Napoleon eine erhöhte Legitimität seiner Herrschaft und seines Reiches an. Die Verbindung mit dem mächtigen österreichischen Kaiserhaus ermöglichte es ihm, seine politische Agenda in Europa voranzutreiben und Einfluss auf die diplomatischen Beziehungen zwischen den europäischen Mächten auszuüben. Die Ansprüche, die er an den lang ersehnten Nachfolger hatte, wurden allerdings nicht erfüllt. Nach dem Sturz seines Vaters wurde Napoleon Franz Bonaparte in Wien unter der Obhut seines Großvaters und Beobachtung des Staatskanzlers Klemens Wenzel Lothar von Metternich aufgezogen. Er übernahm nie politische Führungsaufgaben, litt schon in jungen Jahren an gesundheitlichen Problemen und starb schließlich im Alter von 21 Jahren an Tuberkulose.

KLEINER MANN GANZ GROSS

Wir haben gesehen, wie Napoleon die Präsentation seiner Person und Taten in Eigenregie gestaltete und wie er sich selbst als herausragende historische Figur inszenierte. Diese Propaganda trug erheblich zur Legendenbildung um Napoleon bei, die bis heute anhält. Gleichzeitig griffen seine Gegner zu ähnlichen Strategien, um Napoleon als reale Bedrohung öffentlich zu diskreditieren. Nicht nur Schlachten wurden geführt, sondern es entbrannte auch ein regelrechter Propaganda-Krieg, vor allem von Seiten Großbritanniens gegen Frankreich und seinen Kaiser.

Über viele Jahre hinweg wurde irrtümlicherweise angenommen, dass Napoleon eine geringe Körpergröße besaß – ein Mythos, der hartnäckig anhält. Diese vermeintliche Tatsache, obwohl eigentlich unerheblich, erweist sich aufgrund ihres historischen Hintergrunds als äußerst interessant. Der Kaiser verbreitete gerne Unwahrheiten und wurde Opfer seiner eigenen Methode.

Der Spitzname »Petit Caporal«, was übersetzt »Kleiner Hauptmann« bedeutet, wurde erstmals von den französischen Soldaten verwendet, die unter Napoleons Kommando im Italienfeldzug von 1796 bis 1797 kämpften. Er war eine liebevolle Bezeichnung, die aus Napoleons bodenständiger und herzlicher Art im Umgang mit seinen Truppen resultierte. Tatsächlich kannte er viele seiner Männer beim Namen. Napoleon legte großen Wert auf Teambuilding. Sein Ziel war es, die Soldaten zu motivieren und insbesondere vor wichtigen Schlachten ihre Moral zu stärken. Der Spitzname hatte also nicht viel mit seiner tatsächlichen Körpergröße zu tun. Personen, die den Kontext nicht kannten, nahmen jedoch fälschlicherweise an, dass der große Eroberer in Wahrheit ziemlich klein war. Dies könnte der Grund dafür gewesen sein, dass seine Körpergröße schon zu Beginn seiner Karriere im Gespräch war. Zusätzlich dazu umgab sich Napoleon gerne mit der französischen kaiserlichen Garde, die eine Mindestgröße von 1,80 m voraussetzte. Im Vergleich dazu mochte er klein gewirkt haben, jedoch dürfte dies damals bei jedem Mann durchschnittlicher Körpergröße der Fall gewesen sein. Darüber hinaus gibt es die Theorie, dass der Ruf von Napoleon als »kleiner Mann« möglicherweise auf einen Umrechnungsfehler seiner Körpergröße zurückzuführen ist. Die Verwirrung könnte dadurch entstanden sein, dass die Maßeinheit des französischen Zolls zur Zeit

Napoleons größer war als der britische oder amerikanische Zoll heute. Tatsächlich lag Napoleon im 19. Jahrhundert ungefähr im Durchschnittsbereich der Körpergröße. Warum jedoch das Bild von Napoleon als kleiner Mann so fest im kollektiven Gedächtnis verankert ist, kann auf satirische Karikaturen zurückgeführt werden. Die Verwendung solcher Darstellungen war eine weit verbreitete Methode, um politische Propaganda zu betreiben. Im Jahr 1803 veröffentlichte der britische Karikaturist James Gillray Zeichnungen, in denen Napoleon erstmals als »kleiner Knochiger« (engl.: Little Boney) bezeichnet wurde. In den nachfolgenden Karikaturen wurde er kontinuierlich als kleine, knochige Figur mit überdimensionalem Hut, Uniform und offensichtlichen Wutausbrüchen gezeigt.

Maniac raving's-or-Little Boney in a strong fit

Diese Darstellungen waren Teil einer Kampagne zur Diffamierung Napoleons, die darauf abzielte, seine Autorität zu untergraben, seine militärische Stärke zu minimieren und ihn lächerlich erscheinen zu lassen.

Karikaturen dienten nicht nur der Verbreitung politischer Botschaften, sondern wurden auch als Unterhaltungsmedium genutzt. Andere Karikaturisten übernahmen James Gillrays Darstellungsweise, die Napoleon als trotziges Kind zeigte, dem seine Wünsche verwehrt wurden. Die Napoleonischen Kriege waren im Gange und insbesondere für Großbritannien stellte Napoleon eine ernsthafte Gefahr dar. Daher wurde die Propaganda-Kampagne sogar von der britischen Regierung finanziert. In Reaktion darauf verfasste Napoleon wütende Briefe an die britische Regierung, in denen er die Diffamierung scharf kritisierte. Letztlich prägten gerade Bilder wie das oben gezeigte, die Vorstellung von Napoleon nachhaltig.

Basierend auf dem Mythos rund um Napoleons Körpergröße existiert sogar eine psychologische Kategorie, die als »Napoleon-Komplex« oder auch »Kleiner Mann-Syndrom« (engl.: Short Man Syndrome) bekannt ist. Der Begriff wurde 1926 vom Psychologen Alfred Adler geprägt und beschreibt den Geltungsdrang von eher kleinen Männern, die ein geringes Selbstvertrauen oder Unsicherheiten bezüglich ihrer physischen Erscheinung verspüren. Dies kann zu aggressivem Verhalten und Wutausbrüchen führen, um den empfundenen Mangel auszugleichen. Die Kernthese gründet, wie oben ausgeführt, auf einem falschen Fakt. Den einen oder anderen Wutausbruch dürfte Napoleon aber schon gehabt haben, zumindest wurde er in den Aufzeichnungen seines Kammerdieners Louis Constant Wairy als sehr launisch und impulsiv beschrieben. In seinen Memoiren gab Wairy Einblicke in das Leben Napoleons und beschrieb seine Persönlichkeit; ein Werk, das einer unterhaltsamen Reality-Show sehr nahe kommt. So durchlebte Napoleon schon beim morgendlichen Bad einen halben Nervenzusammenbruch, wenn seine geliebte Schlafmütze ins Badewasser fiel. Er liebte sie nämlich so sehr, dass er sie erst zum Frühstück ablegte, also musste sein Kammerdiener bis dahin trockene Schlafmützen parat halten. Wütend wurde Napoleon auch, wenn Unterlagen, die er in der Badewanne las, nass wurden. Nervenaufreibend war die morgendliche Rasur, die er selber vornahm, weil er offenbar niemanden mit einer scharfen Klinge an seinen Hals ließ. Er bewegte sich dabei so hastig, dass er alles nass spritzte. Seine Diener waren darum bemüht, den Spiegel ständig abzuwischen und so zu drehen, dass Napoleon auch sah, was er tat. Oft schnitt er sich dann doch in die Wange. Seine miese Laune verteilte sich über den Tag, was irgendwie verständlich ist, wenn man ganz Europa am Hals hat.

In seiner Freizeit spielte Napoleon gerne Kartenspiele und war bekannt dafür zu schummeln. Er war ein schlechter Verlierer in jeder Hinsicht. So ist es sehr amüsant, dass er ausgerechnet durch Kaninchen eine Niederlage einstecken musste. Im Zuge der Feierlichkeiten nach einem Sieg über Russland 1807 hatte sich der französische Marschall und General Louis-Alexandre Berthier eine ganz besondere Überraschung überlegt. Er bestellte Hunderte Kaninchen; wie viele es genau waren, ist nicht bekannt, die höchste Schätzung lag bei 3 000 Kaninchen. Wie dem auch sei, es waren jedenfalls viele. Berthier wollte einen guten Eindruck hinterlassen: Die Menge der Kaninchen sollte Napoleon das Jagen erleichtern, denn er war zwar ein herausragender Militärbefehlshaber, aber ein denkbar schlechter Schütze. Das Problem war allerdings, dass Berthier domestizierte Kaninchen von einem Züchter gekauft hatte. Wo sonst hätte er so viele Tierchen auftreiben sollen?! Als der Startschuss fiel und die Tiere freigelassen wurden, flüchteten sie nicht wie erwartet, um sich zu verstecken, sondern stürmten auf die Männer zu. Sie waren Menschen gewohnt und hofften, gefüttert zu werden. Die Tiere schwärmten um die Soldaten und Napoleon herum, sprangen auf sie und krallten sich an der Uniform fest. Sie ließen sich nicht abwimmeln, davontreiben und schon gar nicht erbeuten. Den Männern blieb nichts anderes übrig, als selber die Flucht zu suchen. Sie sprangen auf ihre Pferde, Napoleon in seine Kutsche, die mittlerweile auch voll mit Kaninchen war. Der Legende nach warf er die Tierchen noch aus dem Fenster, als die Kutsche schon losgefahren war.

ALLES HAT EIN ENDE, NUR NAPOLEON HAT ZWEI

Bis 1812 hatte Frankreich Kriege mit fast allen Ländern des europäischen Kontinents begonnen und versuchte, Länder von Großbritannien bis Russland zu erobern. Ohne Kriegserklärung marschierte Napoleon am 24. Juni 1812 mit über 400 000 Soldaten in Russland ein. Das war die größte Armee der europäischen Kriegsgeschichte. Bis zum Ende des Feldzuges sollte die Zahl auf über 600 000 mobilisierte Soldaten wachsen. Napoleon war überzeugt, dass die ganze Sache über die Sommermonate erledigt sein würde. Die russischen Truppen zogen sich immer weiter ins Landesinnere zurück. In den ersten Wochen fielen über 130 000 Soldaten der Grande Armée nicht einer erhofften großen Schlacht, sondern tagelanger Märsche und Versorgungsengpässen zum Opfer. Am 14. September marschierte Napoleon schließlich in Moskau ein. Er hatte es sich gerade erst in den Gemächern des Zaren Alexander I. im Kreml gemütlich gemacht, als er schon wieder flüchten musste. Moskau stand in Flammen. Die Franzosen und Russen beschuldigten sich gegenseitig der Brandstiftung; klar ist jedenfalls, dass Lebensmittellager und Unterkünfte der französischen Soldaten niedergebrannt wurden. Da die französischen Truppen und ihre Verbündeten nicht mehr über ausreichend Nahrung, Brennmaterial und andere lebenswichtige Ressourcen verfügten, kam es zu massiven Plünderungen bei der örtlichen Bevölkerung. Napoleon kehrte in den unversehrten Kreml zurück und versuchte von dort aus, den Zaren zur Kapitulation zu bringen. Dieser weigerte sich wiederholt. Die Lebensmittel wurden knapper und der Winter stand vor der Tür. Am 18. Oktober befahl Napoleon den Rückzug aus Russland, der zu einer regelrechten Flucht werden sollte. Fehlende Zelte und Winterkleidung inmitten von Regen, Frost, Schneefall und Temperaturen von bis zu minus 39 Grad erwiesen sich als die ultimativen Endgegner. Von über 600 000 Soldaten kehrten nur rund

100 000 zurück. Die russischen Verluste werden auf eine Million getötete Soldaten und Zivilisten geschätzt.

Was machte Napoleon bei seiner Rückkehr in Paris? In gewohnter Manier gute Miene zum bösen Spiel. Er ließ ein Bulletin veröffentlichen und informierte: »Die Gesundheit seiner Majestät war nie besser.«[1] Und er mobilisierte schon eine neue Armee für die nächste Schlacht. Tatsächlich aber waren längst dunkle Wolken über seine Herrschaft gezogen. Im folgenden Jahr steckte Napoleon eine Niederlage in der Völkerschlacht bei Leipzig ein, und das sollte sein Ende bedeuten – vorerst jedenfalls. Er musste abdanken und wurde auf die Insel Elba verbannt. Dort verbrachte er die meiste Zeit damit, seine Flucht zu planen. Er hielt Kontakt zu seinen Verbündeten in Frankreich, durfte sogar Besucher*innen empfangen. Frankreich war mittlerweile zu einer konstitutionellen Monarchie mit Ludwig XVIII. an der Spitze geworden. Er war unbeliebt: wieder ein Monarch und wieder ein Ludwig, das hätte besser überlegt werden sollen. Die Stimmung im Volk war denkbar schlecht. Angesichts dieser Tatsachen waren Napoleons nächste Schritte nicht verwunderlich. Nach zehn Monaten auf Elba kehrte er mit einer kleinen Flotte nach Frankreich zurück. Niemand hatte ihn aufgehalten. Der britische Oberst Neil Campbell, für die Überwachung verantwortlich, war zum Zeitpunkt von Napoleons Flucht bei seiner Geliebten. Ohne Widerstand nahm Napoleon wieder seinen Platz an der Spitze ein. Ludwig XVIII. verließ das Land, als er von dessen Ankunft verständigt wurde. Die folgende Periode wird die »Herrschaft der Hundert Tage« genannt. Napoleon konnte nicht dort ansetzen, wo er aufgehört hatte. Die Zeitungen, die er einst kontrollierte, berichteten jetzt gegen ihn. Der Rückhalt der Bevölkerung war verloren. Es kam sogar zu Aufständen. Die Menschen waren kriegsmüde und hatten die ständige politische Instabilität satt. Nach der Niederlage in der Schlacht bei Waterloo im Jahr 1815 gegen preußische und britische Truppen, die in der Überzahl waren, war Napoleons zweites und endgültiges Ende als Kaiser der Franzosen angebrochen.

»Wer zuletzt lacht, lacht am besten«, dürften sich die Briten gedacht haben. Die gefallenen französischen, preußischen und britischen Soldaten aus der Schlacht bei Waterloo versorgten Tausende Einwohner*innen Großbritanniens mit Zahnprothesen. Von überlebenden Soldaten und Plünderern wurden die Zähne gefallener Soldaten ausgeschlagen und an Zahntechniker verkauft. Diese Zähne waren sehr begehrt, da sie überwiegend von relativ jungen Männern stammten, die noch einigermaßen gute Beißerchen hatten. Die Zähne wurden ausgekocht, geschliffen und zu einer Prothese zusammengesetzt, heute bekannt als die sogenannten »Waterloo Teeth« (engl.: Waterloo-Zähne). Damals wussten die Menschen aber aller Wahrscheinlichkeit nach nicht, woher die Materialien ihrer Zahnprothesen stammten.

Napoleon wurde auf die Insel St. Helena im Südatlantik verbannt, wo er die letzten Jahre im Exil verbrachte. Was sich wie eine halbe Ewigkeit liest, dauerte in Wirklichkeit nur etwa 15 Jahre: So lange war Napoleon Bonaparte an der Macht gewesen.

Während der anschließenden Restauration versuchten die europäischen Monarchien, die vorrevolutionären

Ordnungen wiederherzustellen. Allerdings waren die gesellschaftlichen Veränderungen, der aufkommende Nationalismus durch koloniale Bestrebungen und soziale Reformen, die während der Napoleonischen Ära in Gang gesetzt worden waren, nicht aufzuhalten und vor allem die Industrielle Revolution hatte volle Fahrt aufgenommen. Es gab kein Zurück mehr.

Kapitel 7

TESTIMONIAL EINER ZEIT IM WANDEL

Das 19. Jahrhundert war ohne Frage eine äußerst bedeutende Epoche in der Geschichte, die von tiefgreifenden Veränderungen und Innovationen geprägt war. Die Industrielle Revolution, die bereits im späten 18. Jahrhundert ihren Anfang genommen hatte, entfaltete im frühen 19. Jahrhundert schließlich ihre volle Wirkung.

Schlüsselerfindungen wie die Dampfmaschine, mechanisierte Webstühle und Eisenbahnen führten zu einer revolutionären Steigerung der Produktivität und entfachten einen Wettbewerb, der technologische Fortschritte weiter beschleunigte. Fabriken schossen wie Pilze aus dem Boden und die Nachfrage nach Arbeitskräften stieg erheblich an, was eine Welle von Arbeitsmigration auslöste. Im Jahr 1800 lebten in ganz Europa etwa 10 Prozent der Bevölkerung in Städten mit mehr als 5 000 Einwohner*innen. Hundert Jahre später lag diese Zahl bereits bei über 30 Prozent. Der Wandel verlief in verschiedenen Ländern und Regionen Europas unterschiedlich, laut Zahlenwerten deutlich am größten aber in Großbritannien. Dort lebten im Jahr 1880 etwa 20 Prozent der Bevölkerung in Städten, bis zum Jahr 1900 stieg dieser Anteil auf fast 70 Prozent an.

Um die wachsende Anzahl von Menschen unterzubringen, wurden neue Wohnhäuser errichtet. Gleichzeitig musste auch die öffentliche Infrastruktur ausgebaut werden. Die aufstrebenden Industriestädte, zu Beginn hauptsächlich in Großbritannien, waren gewaltige Baustellen, auf denen kontinuierlich Arbeitskräfte benötigt wurden. Dies setzte eine Kettenreaktion in Gang: Das Bevölkerungswachstum trieb die Urbanisierung voran. Diese wiederum förderte das Wachstum von Industrie und Transportwesen, was wiederum zu einem Anstieg der Bevölkerung führte. Der fortwährende Kreislauf aus Bevölkerungswachstum, Industrialisierung und Urbanisierung führte zu tiefgreifenden demografischen Veränderungen und bildete den Hintergrund der »sozialen Frage« des 19. Jahrhunderts.

Die neu entstandene Arbeiterklasse, das städtische Proletariat, wurde mit unzureichenden Wohnbedingungen, mangelnder Gesundheitsversorgung und harten Arbeitsbedingungen konfrontiert. Arbeiter*innen waren oft extrem arm, ohne angemessene Rechte und abhängig von den Launen der Fabrikbesitzer. Diese Probleme bedingten die Entstehung der Arbeiterbewegung, die für bessere Arbeitsbedingungen, höhere Löhne und soziale Reformen kämpfte. Diese sogenannte soziale Frage begründete auch das Engagement sozialreformerischer Gruppierungen, die sich für Verbesserungen in Bildung, Gesundheitsversorgung und Wohnraum einsetzten. Darüber hinaus spielten politische Bewegungen, die nach individuellen Freiheiten und Menschenrechten strebten, eine zentrale Rolle. Die Forderung nach sozialer Gerechtigkeit war ein Schlüsselaspekt des liberalen Gedankenguts, das in dieser Zeit weit verbreitet war und dessen Wurzeln bis zur Französischen Revolution zurückreichten. Auch der Feminismus war im 19. Jahrhundert Teil einer breiteren sozialen und politischen Bewegung, die sich für die Gleichstellung der Geschlechter und die Rechte von Frauen einsetzte und von Aktivismus und Kämpfen für grundlegende Frauenrechte geprägt war, etwa dem Wahlrecht, dem Recht auf Bildung und allgemein der rechtlichen Gleichstellung.

Parallel dazu revolutionierten Erfindungen wie die Dampflokomotive, das Telefon, die Glühbirne und die Fotografie die Art und Weise, wie Menschen miteinander kommunizierten, reisten, arbeiteten und ihre Umwelt wahrnahmen. Diese Innovationen veränderten nicht nur die Dynamik des Alltags, sondern ebneten auch den Weg für die Entstehung einer global vernetzten Gesellschaft.

Inmitten dieser allgegenwärtigen Aufbruchsstimmung erlangte Großbritannien die Vormachtstellung auf der geopolitischen Bühne. Unter der Regentschaft von Queen Victoria erstreckte sich das Imperium auf mehr als ein Viertel der gesamten Landfläche der Erde. Die Queen war Testimonial dieses Reiches und Influencerin eines ganzen Zeitalters.

KINDHEIT EINER ZUKÜNFTIGEN REGENTIN

Königin Victorias Geschichte begann genauso wie die jeder britischen Königin – sie war ursprünglich nie für diese Rolle vorgesehen gewesen. Victoria war die Tochter von Eduard, Herzog von Kent, und Victoire von Sachsen-Coburg-Saalfeld. Ihr Onkel, König George IV., mag zwar etliche uneheliche Kinder gehabt haben, doch nur ein einziges legitimes Kind – die Kronprinzessin Charlotte von Wales. Deren tragischer Tod, gemeinsam mit ihrem neugeborenen Baby im Wochenbett, mischte die Karten neu. Georg IV. starb 1830 und wurde von seinem nächsten lebenden Bruder, Wilhelm IV., abgelöst. Die 13-jährige Alexandrina, wie Queen Victoria vor ihrer Krönung genannt wurde, wurde Thronfolgerin, weil ihr Onkel König Wilhelm IV. keine legitimen Nachkommen hatte.

Alexandrinas Vater starb noch vor ihrem ersten Geburtstag und hinterließ einen Schuldenberg, der so groß war, dass seine Frau Victoire von Sachsen-Coburg-Saalfeld das Erbe ausschlagen musste. Gemeinsam mit der kleinen Alexandrina Victoria und einer Tochter aus erster Ehe wohnte sie weiterhin im Kensington Palace. Schon zu Lebzeiten des Prinzregenten war sie nicht besonders beliebt gewesen, und als mittellose Witwe verschlechterte sich ihre Position am königlichen Hof weiter. Doch da gab es noch die kleine Alexandrina Victoria, das einzige überlebende Kind ihrer Generation und somit die alleinige Anwärterin auf den Thron und die größte Hoffnung ihrer Mutter. In Zusammenarbeit mit ihrem Sekretär John Conroy, von dem behauptet wurde, er sei auch ihr Geliebter gewesen, sowie ihrer Hofdame und ihrem Halbbruder entwickelte Victoire von Sachsen-Coburg-Saalfeld das sogenannte Kensington-System (engl.: Kensington-Quintett): eine Sammlung von strengen Regeln, nach denen die junge Alexandrina »erzogen« und »behütet« wurde. Alexandrina war nahezu vollständig von der Öffentlichkeit und allen Personen abgeschirmt, die ihr potenziell schaden oder sie beeinflussen konnten. Ihr einziger Freund war der Hund ihrer Mutter, der Spaniel »Dash«, ihre einzigen Spielgefährten waren ihre Geschwister und ihre Puppen. Sie hatte eine beeindruckende Sammlung von über 130 Holzpuppen, für die sie originalgetreue Kleider entwarf. Sie durfte keine Treppen hinauf- oder hinuntersteigen, ohne dabei die Hand einer anderen Person zu halten. Als Victoria 15 Jahre alt wurde, nahmen ihre Mutter und Conroy sie auf eine PR-Tournee durch das Land mit, um ihre Bekanntheit und Beliebtheit beim Volk zu steigern. Die Teenagerin, die zuvor fast in Isolation gelebt hatte, empfand die ständigen öffentlichen Auftritte als anstrengend und unangenehm.

Das Kensington-System fußte anscheinend auf dem Wunsch, die Thronerbin zu beschützen, doch in Wirklichkeit war es eine Strategie der Kontrolle und Einschüchterung. Victorias Mutter und John Conroy hatten die Absicht, Alexandrina zu einer unterwürfigen und abhängigen Frau zu erziehen, die als zukünftige Königin nicht in der Lage wäre, eigenständige Entscheidungen zu treffen. Stattdessen sollte sie auf ihre Mutter und Jon

Conroy angewiesen sein. Conroy hegte dabei besondere Ambitionen und investierte sogar sein eigenes Vermögen für das Haushaltsgeld der Damen. Als Alexandrina im Oktober 1835 schwer an Fieber erkrankte, witterte Conroy seine Chance. Er drängte die schwache Prinzessin dazu, Dokumente zu unterschreiben, welche ihn zu ihrem Privatsekretär im Fall ihrer Thronbesteigung gemacht hätten. Die Position des Privatsekretärs in einem königlichen Haushalt galt zu dieser Zeit als eine der einflussreichsten Positionen, die ein Bürgerlicher oder Kleinadeliger erreichen konnte. Die Prinzessin weigerte sich, die Papiere zu unterzeichnen, was bei Conroy nicht nur für Empörung und Wut sorgte, sondern auch zu einem Bruch zwischen ihr und ihrer beleidigten Mutter führte. Trotz der steigenden Spannungen wich ihr Frau Mama weiterhin nicht von der Seite. Alexandrina teilte sogar ihr Schlafzimmer mit ihrer Mutter.

KÖNIGIN EINES ZEITALTERS

Nach dem Tod von König William IV. am 20. Juni 1837 wurde Alexandrina im Alter von 18 Jahren zur Königin ernannt. Ihre erste Amtshandlung vollzog sie bereits am ersten Tag, als sie ein eigenes Schlafzimmer bezog. Mutter und Tochter sprachen viele Jahre kein Wort miteinander. Conroy erhielt keines der erhofften Ämter. Obwohl Victoria ihn am liebsten des Hofes verwiesen hätte, war das aufgrund seiner Verbindung zur Queen Mom nicht umsetzbar.

Die offizielle Krönung fand erst ein Jahr später, am

28. Juni 1838, statt. Alexandrina Victoria wählte ihren zweiten Namen Victoria als ersten Königinnennamen aus. Diese Wahl sollte eine historische Verbindung zu Königin Elisabeth I. herstellen, die den vollen Namen Elizabeth Alexandra Victoria getragen hatte. Die Übernahme der Regierungsgeschäfte durch Königin Victoria erfolgte wie oben ausgeführt zu einer Zeit des tiefgreifenden Wandels und der politischen Unsicherheit in Großbritannien. Schon in den ersten Jahren ihrer Regentschaft sah sie sich mit bedeutenden Reformen konfrontiert, die darauf abzielten, Großbritannien zu modernisieren.

Das Viktorianische Zeitalter steht für die globale wirtschaftliche, militärische und kulturelle Dominanz Großbritanniens. Es dauerte von 1837 bis 1901, begann mit der Thronbesteigung von Königin Victoria am 20. Juni 1837 und endete mit ihrem Tod am 22. Januar 1901. Ihm ging das Georgianische Zeitalter voraus. Die britische Geschichte ist in verschiedene Zeitabschnitte unterteilt, die nach den jeweiligen Monarchen und Monarchinnen benannt wurden, beispielsweise die Tudor-Ära, das Elisabethanische Zeitalter, das genannte Viktorianische Zeitalter, gefolgt von dem Edwardischen Zeitalter. Das Viktorianische Zeitalter wird häufig als eine Ära des weltweiten Wandels und der Transformation betrachtet, die verschiedene Nationen und Kulturen in einem umfassenden historischen Kontext miteinander verknüpfte und voneinander abhängig machte.

Queen Victoria war bekannt für Entschlossenheit und Durchsetzungsvermögen, insbesondere wenn es darum ging, ihre Ansichten und Überzeugungen zu vertreten. Ihre Hartnäckigkeit zeigte sich sowohl in politischen Angelegenheiten als auch in persönlichen Entscheidungen, wie der Wahl ihres zukünftigen Ehemanns. Sie verliebte sich in ihren deutschen Cousin Albert von Sachsen-Coburg und Gotha. Sie musste ihm einen Heiratsantrag machen, da es als unangemessen galt, dass ein Mann um die Hand einer Monarchin anhielt. Die Heirat wurde im Parlament heftig diskutiert, Sachsen-Coburg und Gotha war ein unwesentliches und verarmtes Herzogtum – einer Königin nicht würdig Doch Victoria setzte sich durch. Das Paar heiratete am 10. Februar 1840. Bei der Wahl ihres Hochzeitskleides entschied sie sich, entgegen allen Erwartungen, für ein weißes Kleid. Heutzutage wird Queen Victoria oft als Vorreiterin des weißen Hochzeitskleides bezeichnet, da viele annehmen, dass sie die Tradition der weißen Brautrobe begründet hat. Dieses »Verdienst« kann man ihr allerdings nicht zur Gänze zuschreiben. Grundsätzlich trugen Bräute bei der Hochzeit ihr schönstes Kleid, unabhängig von dessen Farbe.

Im Verlauf des späten 18. Jahrhunderts erfreute sich in der Mittelschicht einer Variation des weißen »Chemisenkleids« zunehmender Beliebtheit und wurde auch gerne bei Hochzeiten getragen. Diese Art von Kleid haben wir im Kapitel zu Marie Antoinette bereits kennengelernt. Doch in königlichen und aristokratischen Kreisen setzte sich diese Brautmode vorerst nicht durch. Weiterhin wurden die kostbarsten Stoffe bevorzugt. Königliche Hochzeiten waren formelle Staatsanlässe, die eine angemessene traditionelle »Arbeitskleidung« vorsahen, einschließlich des obligatorischen Hermelin-Königsmantels. Victoria durchbrach mit der Wahl ihres Kleides bewusst eine Norm und setzte damit ein klares Zeichen. Sie wollte an ihrem Hochzeitstag als Braut wahrgenommen werden, nicht als regierende Königin. Berichte über die Hochzeit der jungen britischen Königin verbreiteten sich rasch, begünstigt durch schwarz-weiße Fotografien, die das weiße Kleid noch eindrucksvoller in Szene setzten. Victoria bestand auch darauf, dass ihre Töchter und Schwiegertöchter in weißen Kleidern heirateten. Ähnlich wie heute lösten auch damals royale Hochzeiten öffentliche Begeisterung aus. Kleider, die getragen wurden, avancierten zu Trends. Die Fotografie begünstigte deren Verbreitung und so entstand mit der Zeit die Tradition des weißen Brautkleides.

Nicht allein durch ihre Lebensweise und Kleiderwahl setzte sie Trends. Es gab tatsächlich auch »Verifizierungen«, ähnlich dem blauen Haken auf diversen Social Media Plattformen. Die Idee der »königlichen Verifizierung« entspricht dem Konzept des »Royal Warrant«. Ein »Royal Warrant« kann als eine Art königliches Gütesiegel betrachtet werden. Diese Praxis wurde im Jahr 1840 unter Königin Victoria eingeführt. Unternehmen, die den königlichen Haushalt mit Produkten oder Dienstleistungen belieferten, hatten nach einer gewissen Zeit erfolgreicher Zusammenarbeit die Möglichkeit, einen »Royal Warrant« zu beantragen. Dieses Gütesiegel signalisierte, dass das Unternehmen oder die betreffende Person Produkte oder Dienstleistungen von hoher Qualität anbietet, welche die Kriterien des britischen Königshauses erfüllen. Zusätzlich darf das königliche Abzeichen in dem Branding und der Vermarktung verwendet werden. Der »Royal Warrant« wird heute noch vergeben. Ein Beispiel dafür ist die Marke Twinings – wenn du das nächste Mal an deinem Twinings-Tee nippst, erinnere dich daran, dass er königlich verifiziert ist!

Vergleichbare Praktiken waren auch in anderen königlichen Institutionen zu finden wie im Falle von Österreich-Ungarn. Hier hatte man bekanntlich ein Faible für Titel, also führte man ab 1868 den Titel »k. u. k. Hoflieferant« ein. Unternehmen, die offiziell vom österreichisch-ungarischen Kaiserhaus als Hoflieferanten anerkannt wurden, bekamen die Ehre zugesprochen, sich »kaiserlich und königlich« zu nennen. Der Titel wurde mit dem kaiserlich-königlichen Wappen in Werbeanzeigen, als Signatur, auf Briefköpfen und direkt auf Geschäftsschildern deutlich sichtbar gemacht. Eine höhere Stufe der Hoflieferanten war die des »Kammerlieferanten«. Diese besondere Auszeichnung gewährte dem Lieferanten das Privileg, seine Dienste direkt in den privaten Räumlichkeiten des Kaisers oder der Kaiserin zu erbringen. Um den Titel eines Kammerlieferanten zu erlangen, musste man zuvor bereits Hoflieferant gewesen sein. Solche »Verifizierungen« konnten einen bedeutenden Wettbewerbsvorteil mit sich bringen, da sowohl der Adel als auch das aufstrebende Bürgertum beispielsweise ihre Semmeln dort kaufen wollten, wo auch die kaiserliche Familie ihre Backwaren bezog.

Victoria und Albert führten eine glückliche Ehe. In einer Zeit, in der noch die meisten Ehen arrangiert waren, heirateten die beiden aus romantischer Liebe. Sie sah ihre Autorität als Königin nicht durch den Mann an ihrer Seite bedroht, so wie es bei den vergangenen Königinnen der Fall gewesen war. Sie fürchtete eher, in der Rolle einer Frau gefangen zu sein, die ihren Pflichten nachgehen muss – nämlich Nachkommen zur Welt zu bringen. Victoria hasste es, schwanger zu sein, weil sie währenddessen nicht ihren monarchischen Pflichten nachkommen konnte. Schwangerschaft und Geburt waren nach wie vor wie ein russisches Roulette für das Leben der Mutter und des Kindes. Ebenso verheerend waren die Wochenbett-Depressionen, von denen sich die Frauen oft nicht erholen konnten, bevor die nächste Schwangerschaft begann. Wie bei vielen Frauen waren auch für Victoria die Geburten äußerst schmerzhafte Erfahrungen. Bei der Entbindung ihres achten Kindes im Jahr 1853 ließ sie sich Chloroform verabreichen, um die Schmerzen zu lindern. Zur damaligen Zeit befand sich Chloroform als Betäubungsmittel noch in einer experimentellen Phase. Die Dosis wurde mehr oder weniger nach Gefühl verabreicht, ein kleinster Fehler des Arztes Dr. John Snow hätte zu ihrem Tod führen können. Während Victorias zwangsläufiger politischer Abwesenheit war Prinz Albert eine treibende Kraft bei zahlreichen Veränderungen im viktorianischen Großbritannien. Victoria hätte ihn gerne zum König ernannt, aber diese Idee stieß im Parlament aufgrund von Vorurteilen gegenüber einem »ausländischen« Monarchen auf Widerstand. Als Prinzgemahl war er zunächst frustriert, dass er sein volles Potenzial nicht ausschöpfen konnte.

DAS ERSTE INFLUENCER-EVENT
DER GESCHICHTE

Bemerkenswert ist Alberts Rolle als Initiator und Organisator der ersten großen Influencer-Veranstaltung, die die Welt gesehen hat: die Weltausstellung (»Great Exhibition of the Works of Industry of all Nations«) im Jahr 1851, die im Londoner Hyde Park stattfand. Als Austragungsstätte wurde der eigens dafür entworfene Kristallpalast (Crystal Palace) gebaut. Im Grunde genommen handelte es sich um eine Messehalle, war aber in der Ausführung sicherlich nicht vergleichbar mit dem, was wir uns heute unter einer Mehrzweckhalle vorstellen. Das Gebäude aus Glas und Eisen erstreckte sich über einen halben Kilometer lang und war eigens danach ausgerichtet, ausreichend Platz für eine Vielzahl von Ausstellungsstücken und noch mehr Menschen zu bieten. Zum ersten Mal in der Geschichte fand eine Veranstaltung in diesem Ausmaß statt. Gleichzeitig war dieses Event auch das erste, das die gesamte Bevölkerung als Zielgruppe hatte. Die Eintrittspreise wurden so gestaltet, dass sich jede*r einen Besuch leisten konnte. Die Weltausstellung wurde medienwirksam beworben, monatelang beherrschte sie die Schlagzeilen der Zeitungen.

Die Begegnung verschiedener Gesellschaftsschichten, darunter Adelige und Proletarier, die einander sonst im öffentlichen Raum aus dem Weg gingen, verlief ohne bedeutende Zwischenfälle, obwohl sie im Vorfeld kontrovers diskutiert worden war und man Gegenteiliges erwartet hatte.

Über einen Zeitraum von fünfeinhalb Monaten besuchten insgesamt sechs Millionen Menschen die Ausstellung, was etwa einem Drittel der Bevölkerung Großbritanniens entsprach. Alleine aus den Provinzen reisten über eine Million Menschen mit der Eisenbahn nach London. Seit 1825 durchquerten die ersten Eisenbahnen das Land. Diese Erfindung ermöglichte nicht nur die Anreise der Besucher*innen, sondern auch den effizienten Transport der Ausstellungsstücke. Mehr als 100 000 Exponate aus aller Welt wurden präsentiert. Laut damaligen Berichten der Zeitung »The Times« hatte es rund zweihundert Stunden gedauert, die komplette Sammlung zu besichtigen. Darunter waren Erfindungen wie die erste Nähmaschine des US-Amerikaners Elias Hower oder der folgenschwere mehrschüssige Revolver von Samuel Colt, außerdem sehr kreative Modelle von Flugzeugen, die ihrer Zeit voraus waren, denn Fliegen konnten sie nicht. Ähnlich futuristisch war das Modell einer Hängebrücke zwischen Großbritannien und Frankreich. Natürlich waren auch allerhand Kuriositäten zu finden wie zum Beispiel ein Sturmvorhersager, auch Egelbarometer genannt, der den traditionellen Wetterfrosch durch Blutegel ersetzen sollte.

Ebenso zu bestaunen waren für uns heute selbstverständliche Dinge wie Messer mit Klingen und der erste Ganzkörperspiegel der Welt. Eines der Highlights sollte der Koh-i-Noor werden, der größte Diamant seiner Art und unglaublich wertvoll. Leider fanden ihn viele auch unglaublich langweilig und enttäuschend. Der fast zweihundert Karat schwere Stein war schlecht geschliffen, er funkelte nicht, wie es sich die meisten vorgestellt hatten.

Die Geschichte, wie der Stein überhaupt nach London gekommen war, bewegte ebenfalls die allerwenigsten. Er war von der britischen Armee bei der Eroberung des Punjab in Indien erbeutet und 1850 an Königin Victoria übergeben worden. Nach der Weltausstellung wurde er auf knapp die Hälfe heruntergestutzt. Der 109 Karat Diamant wurde in die Königskrone und der Rest in Schmuckstücke von Königin Victoria eingesetzt. Abgesehen von gestohlenen Diamanten ließ diese übrigens auch gerne die Milchzähne ihrer Kinder zu Schmuck verarbeiten, was im viktorianischen Großbritannien zu einem regelrechten Trend wurde. Prinz Albert, ein begeisterter Jäger, ließ einige Zähne von erlegten Wildtieren als Kettenanhänger geschmackvoll fassen, als Geschenk für seine liebste Ehegattin. Albert war außerdem ein Liebhaber sogenannter Geweihmöbel. Das waren Möbelstücke, beispielsweise Stühle, Schränke, Spiegel und Leuchten, die aus Geweihen gefertigt wurden. Jagdtrophäen wie Geweihe wurden bereits im späten Mittelalter als Deko-Element oder Kleiderhaken verwendet, aber Möbelstücke aus Hirsch- und Ziegenhörnern sowie Stoßzähnen von Wildschweinen waren eine Erfindung des 19. Jahrhunderts. Der bekannteste Hersteller war der Hamburger Heinrich Friedrich Christoph Rampendahl, der mit seinen Designs auch auf der Weltausstellung vertreten war. Die Viktorianer*innen hatten grundsätzlich ein Faible für tierische Dekoration und Schmuckstücke. Ausgestopfte Tiere hatten es ihnen besonders angetan. So ist es auch nicht verwunderlich, dass der präparierte Elefant in der Präsentation Indiens und die Ausstellung des Tierpräparators Hermann Ploucquet aus Stuttgart Publikums-

The kittens at tea – Miss Paulina singing

magnete waren. Besonders beliebt waren die »Kätzchen beim Tee«. In dem Arrangement wurden ausgestopfte Katzen beim Teetrinken präsentiert, eine Katze am Klavier sorgte für musikalische Unterhaltung – das traf den Humor der Viktorianer*innen. Der Fotograf Antoine Claudet, einer der ersten kommerziellen Fotografen Englands, fertigte eine Fotografie der Katzenrunde an.

Die Weltausstellung hinterließ bei vielen Besucher*innen unvergessliche Eindrücke. Der Unterhaltungsfaktor war enorm, doch das vorrangige Ziel der Organisatoren, angeführt von Prinz Albert, lag darin, die dominante Rolle Großbritanniens in der Entwicklung progressiver Technologien zu demonstrieren. Im Zentrum standen stets die allerneuesten Errungenschaften sowie der Stolz auf die eigene Nation. Häufig wurden »fremde« Zivilisationen wie Schaustücke präsentiert, als »unterentwickelt« und »rückständig«, um die eigene Überlegenheit hervorzuheben.

Die Weltausstellung in London markierte den Beginn einer Reihe von Weltausstellungen. In den USA erfreuten sie sich besonders großer Beliebtheit, als sich abzeichnete, dass die USA zu einer führenden Industrienation heranwachsen würde. Das Ziel, die nationale Überlegenheit zu repräsentieren, blieb dabei konstant, und diese Veranstaltungen wurden weiterhin außerordentlich gut besucht. Die Weltausstellung in Paris im Jahr 1900 hält mit über 50 Millionen Besucher*innen den Rekord für die höchste Besucherzahl. Ein Jahr zuvor fand dort ebenfalls eine Weltausstellung statt, die Anlass zum Bau des Eiffelturms war. Der Architekt, Alexandre Gustave Eiffel, hatte schon bei der Errichtung des Kristallpalastes in London mitgewirkt.

Die hohen Kosten für den Bau der meist temporären Wahrzeichen – der Eiffelturm ist hier eine Ausnahme –, war stets ein Kritikpunkt. Auch die Organisation der Weltausstellung in London beunruhigte viele Menschen in Großbritannien. Die Finanzierung des Projekts stellte eine Herausforderung für die Staatskasse dar. Es gab Bedenken, ob die Ausstellung ausreichend Einnahmen generieren würde, um die Kosten zu decken. Am Ende erzielte die Ausstellung einen unerwartet hohen Gewinn und war aus jeder Sicht ein voller Erfolg, der Prinz Albert zugesprochen wurde.

LICHT UND SCHATTEN IM VIKTORIANISCHEN ZEITALTER

Prinz Albert hatte ein außerordentliches Gespür für innovative Ideen. Früh erkannte er das künstlerische, wissenschaftliche und kulturelle Potenzial der Fotografie und setzte sich leidenschaftlich dafür ein, sie zu fördern und zu unterstützen. Im Jahr 1853 wurde er zum ersten Präsidenten der »Royal Photographic Society« ernannt, einer Organisation zur Förderung der Fotografie. Die Fotografie war noch im Anfangsstadium: Die Daguerreotypie, das erste Verfahren zur Fertigung von Fotografien, war erst 1839 von dem Franzosen Louis Daguerre vorgestellt worden, wobei die Belichtungszeit bei einer halben Stunde lag. Die Geschwindigkeit des Fortschritts war beeindruckend, da bis 1850 die Belichtungszeiten auf einige Sekunden reduziert wurden. Trotzdem konnte selbst die geringste Bewegung im Bildausschnitt immer noch zu verschwommenen Bildern führen. Die Fotografie wurde jedoch praktikabler und vor allem reproduzierbar, was eine neue Dimension der persönlichen Repräsentation eröffnete. Bilder von Herrscher*innen und politischen Führer*innen erlangten eine enorme Reichweite. In ihrer Anfangsphase war die Fotografie ein Prestigesymbol. Otto von Bismarck, Kaiser Wilhelm I., Kaiserin Elisabeth I., Abraham Lincoln – die Liste jener, die sich bereits in den Anfängen der Fotografiegeschichte ablichten ließen, ist lang. Auch Prinz Albert und Queen Victoria wurden öfters in diesem Sinne verewigt. Victoria war anfangs kein allzu großer Fan dieser neuen Erfindung, zumindest nicht, wenn sie selbst vor der Kamera stehen musste. Auf Gemälden wurde sie anmutig und schlank dargestellt. Ihre Körpergröße von 1,50 Meter und ihre Gewichtszunahme nach all den Schwangerschaften ließen sich nicht erahnen. Sie entsprach nicht dem damaligen Schönheitsideal einer schlanken Frau mit schmaler Taille und war sich dessen bewusst. »Ich habe so eine Abscheu davor, dick zu sein«[1], schrieb sie in ihrem Tagebuch. In dem Zusammenhang ist es verständlich, dass sie von fotografischen Momentaufnahmen wenig begeistert war. Auf einem Foto mit ihren kleinen Kindern aus dem Jahr 1852 kratzte sie ihr Gesicht im Nachhinein raus. Die Kinder fand sie süß, sich selbst fand sie »schrecklich«[2]. Sie wollte sich von ihrer besten Seite zeigen, ein Gedanke, den man heute noch sehr gut nachvollziehen kann. Schon bald wurden Retuschierverfahren entwickelt, von denen Victoria nur allzu gerne Gebrauch machte. Jedes ihrer offiziellen Porträtfotos wurde nachträglich bearbeitet, einschließlich des Porträts anlässlich ihres Goldenen Thronjubiläums. Obwohl das Foto mit dem Jahr 1887 datiert ist, wurde es tatsächlich fünf Jahre zuvor aufgenommen. Die Queen sieht auf dem Foto »on fleek« (dt. genau richtig) aus, wie man im gegenwärtigen Sprachgebrauch sagen würde. In der Bevölkerung gab es Kritik an der offensichtlichen Nachbearbeitung des Bildes, und einige bemängelten, dass sie wie eine Wachsfigur wirkte.

Ihr Umgang mit der Fotografie als PR-Instrument wurde immer kalkulierter. Sie erkannte sehr früh, welche Macht Bilder ausüben und welche Signale und Botschaften sie damit verbreiten konnte. Königin Victoria und ihr Prinzgemahl ließen sich oft zusammen ablichten und demonstrierten so ihre Liebe zueinander. Ein Ideal, dass zur Romantisierung der Ehe beigetragen hat. Tatsächlich waren die beiden unzertrennlich, privat und mit den Jahren zunehmend auch »geschäftlich«.

Die Schwangerschaften und Geburten hatten Victoria physisch und psychisch erschöpft. Je mehr Kinder sie

Queen Victoria

bekam, desto mehr war sie auf die Unterstützung ihres Mannes angewiesen. Albert war chronisch überarbeitet; der ständige Druck, seiner Position an der Seite der Königin gerecht zu werden, sorgte für zunehmende Schlafstörungen und gesundheitliche Probleme. Entsprechend erschüttert war Victoria, als ihr geliebter Albert im Dezember 1861, nach 22 gemeinsamen Ehejahren, im Alter von 42 Jahren an Typhus starb. Sie war aber auch enttäuscht und wütend, dass nun die einzige Person, auf die sie sich hatte verlassen können, nicht mehr an ihrer Seite war. Victoria zog sich komplett aus dem öffentlichen Leben zurück. Sie trug fortan nur schwarze Kleidung und erwartete dies auch von ihren Familienmitgliedern. Für die Viktorianer*innen war das Trauern (engl.: mourning) fast schon eine Institution. Sie hatten ein völlig anderes Verständnis vom Tod, als das heute der Fall ist. Während wir uns heute nur sehr ungern mit der Vergänglichkeit auseinandersetzen, war der Tod im 19. Jahrhundert allgegenwärtig. Die Kindersterblichkeit war immer noch sehr hoch und viele Familien erlebten den Verlust von Kindern in jungen Jahren. Dies war zum Teil auf die begrenzten medizinischen Möglichkeiten und auf mangelnde Hygiene zurückzuführen. Unfälle, Verletzungen und Infektionskrankheiten führten unweigerlich zum Tod. Die Verbreitung der Keimtheorie, von Wissenschaftlern wie Louis Pasteur vorangetrieben, Joseph Listers Methoden zur Sterilisation von medizinischen Instrumenten und James Listons Ätheranästhesie bei chirurgischen Eingriffen sowie Ignaz Semmelweis' Erkenntnis des Zusammenhangs zwischen Handhygiene und Infektionsprävention waren bahnbrechende Fortschritte, die sich in der zweiten Hälfte des 19. Jahrhunderts ereigneten. Trotzdem blieb der Alltag für die meisten Menschen gefährlich, und es dauerte noch einige Zeit, bis die breite Bevölkerung von diesen medizinischen Verbesserungen profitieren konnte. Bis dahin war der Tod in vielen Familien ein häufiger Gast und ein fester Bestandteil des täglichen Lebens.

In einer zunehmend kommerzialisierten Gesellschaft erwiesen sich der Tod und das damit einhergehende Trauern als ein lukratives Geschäftsfeld. Es entstanden Unternehmen, die sich auf Trauerbräuche spezialisierten. Handbücher und Ratgeber für nahezu jede Lebenssituation, sei es Kleidung, Essgewohnheiten oder Verhaltensregeln, wurden veröffentlicht, einschließlich jener für die Zeit der Trauer nach dem Verlust eines geliebten Menschen. Das »Ladies Book of Etiquette« von 1860 legte präzise Regeln und Normen fest, angefangen beim Trauergewand bis zur Dauer, für die jemand in Trauer verweilen sollte. Diese variierte je nachdem, wie nahe man der verstorbenen Person stand. Sie wurde in verschiedene Phasen unterteilt, in denen lediglich bestimmte schwarze Kleidungsstücke aus vorgeschriebenen Stoffen erlaubt waren. Nach Durchleben aller Phasen, was bis zu drei Jahre dauern konnte, kehrte man wieder ins gesellschaftliche Leben zurück – sofern in der Zwischenzeit kein weiteres Familienmitglied verstorben war. Die Vorschriften richteten sich vorwiegend an Frauen und nur die Wohlhabenden konnten ihnen wirklich vollumfänglich folgen, wodurch der richtige Umgang mit dem Tod letztlich auch zu einem Statussymbol wurde. Etwas erschwinglicher war der Trauerschmuck. Ein gängiger Bestandteil dieser Art von Schmuck waren Haare der verstorbenen Person, gelockt oder geflochten, die unter Glas oder in einem Kristall eingeschlossen und in Ringe oder Anhänger für Halsketten eingearbeitet wurden. Zusätzliche Materialen wie weiße Emaille deuteten darauf hin, dass die verstorbene Person unverheiratet und jungfräulich gewesen war, während Perlen den Verlust eines Kindes symbolisierten.

Die Post-Mortem-Fotografie, auch unter den Namen Totenfotografie oder Memento-Mori-Fotografie bekannt, war ebenfalls Teil des Trauerprozesses und ein Mittel, um Erinnerungen an Verstorbene zu bewahren. Mitte des 19. Jahrhunderts, in einer Zeit, als die Fotografie noch recht neu und zudem teuer war, stellten Familienfotos eher eine Seltenheit dar. Es war üblich, dass Familienmitglieder Geld sparten, um nach dem Verlust eines geliebten Menschen ein Foto mit ihm machen lassen zu können. Oftmals war dies das einzige existierende Bild von ihnen, auf dem sie entweder alleine oder zusammen mit den Hinterbliebenen fotografiert waren. Die arrangierten Motive wurden häufig in »natürlicher« Pose aufgenommen, um eine lebensechte Darstellung zu erzielen. Es kamen beispielsweise Techniken zum Einsatz, um die Augen geöffnet zu halten und eine lebendige Erscheinung aller abgebildeten Personen inklusive der toten zu erzeugen.

Auch Königin Victoria nutzte die Fotografie als Teil ihres Trauerprozesses. Sie bewahrte eine Fülle von Fotos aus der gemeinsamen Zeit mit Albert auf und ließ sich mit seinen Porträts ablichten, die gerahmt an den Wänden hingen oder auf einem Tisch neben ihr platziert waren.

LANG LEBE DIE KÖNIGIN UND GROSS WERDE IHR REICH!

In den ersten Jahren ihrer Trauer lebte Königin Victoria zurückgezogen auf ihrem Anwesen Schloss Balmoral in Schottland. Wenige Anlässe bewegten sie dazu, sich öffentlich zu zeigen. Die feierliche Zeremonie anlässlich ihrer Ernennung zur Kaiserin von Indien am 1. Mai 1876 war einer dieser Anlässe. Es handelte sich um eine symbolische Geste, die die Herrschaft über Indien verdeutlichen sollte – eine politische Inszenierung, die die koloniale Hierarchie betonte. Angesichts unseres heutigen Verständnisses der weitreichenden Auswirkungen der britischen Kolonialherrschaft erscheint die Ernennung von Victoria zur Kaiserin von Indien in einem zynischen und ironischen Licht. Ihr Reich am anderen Ende der Welt besuchte sie übrigens nie persönlich.

Eine Voraussetzung für die Industrialisierung Großbritanniens und dessen Aufstieg zur Weltmacht war die systematische Ausbeutung Indiens und anderer Teile Südostasiens. Folgendes Beispiel kann als exemplarisch gelten: Die East India Company, eine Kaufmannsgesellschaft, etablierte 1765 ein Handelsmonopol mit Indien und sicherte sich anschließend die Kontrolle über die Steuereinnahmen Indiens. Ein Teil davon wurde verwendet, um indische Waren für den britischen Markt zu erwerben. Das bedeutet, dass die britischen Händler diese praktisch nicht bezahlt haben. Ein Großteil der erworbenen Güter war für den britischen Markt bestimmt, während der Rest für den Export in andere Regionen vorgesehen war. Das heißt, die East India Company machte sogar doppelten Profit. Die in Indien eingetriebenen Steuern wurden zur Deckung britischer Verwaltungskosten, Kriege und Militärausgaben genutzt. Die Kolonialmacht nutzte also die Ressourcen und Arbeitskraft Indiens, um die eigene Wirtschaft zu stärken. Indien wurde gezwungen, Rohstoffe wie Baumwolle, Tee, Gewürze und Jute zu niedrigen Preisen an Großbritannien zu liefern, während britische Produkte in Indien teuer verkauft wurden. Dies führte zu einem erheblichen Handelsungleichgewicht und verursachte massive Verluste für den Wohlstand Indiens. Darüber hinaus plünderte die East India Company Kunstschätze, religiöse Artefakte, Gold, Silber und Edelsteine und brachte sie nach Großbritannien, wo sie heute noch zu finden sind. Sie griff auch in die Landwirtschaft ein, um die steigenden Bedürfnisse im Heimatland zu befriedigen. Große Flächen wurden für den Anbau von »cash crops« (engl., wörtlich: Geldernten) wie Baumwolle umgewidmet, was die Möglichkeit der Einheimischen zur Selbstversorgung einschränkte. Diese Praktik führte zu Nahrungsmittelknappheit und Hungersnöten, was wiederum die Abhängigkeit der indischen Bevölkerung von der Kolonialmacht verstärkte. Die Entwicklungen bildeten einen Teufelskreis, charakteristisch für die Muster von Hegemonie und Abhängigkeit im Kontext der Kolonialisierung.

Während Victoria in ihrem Schloss vor sich hin trauerte, wuchs ihr Imperium weiter. Zwischen 1881 und 1914 beteiligte sich das britische Empire am finalen »Wettlauf um Afrika« (engl.: Scramble for Africa). Dabei ging es um einen Wettstreit zwischen den globalen Supermächten, die sich den größten Anteil des Kuchens sichern wollten. Afrika wurde metaphorisch wie ein Kuchen aufgeteilt, wobei ohne Rücksicht auf kulturelle und ethnische Gegebenheiten willkürliche Grenzen gezogen wurden. Das führte später zu Spannungen und Konflikten zwischen den betroffenen ethnischen Gruppen. Das beschriebene Vorgehen zeigt sich deutlich auf der Landkarte Afrikas und erklärt, warum viele Staaten vor allem in Nordafrika so markante und ungewöhnliche Grenzverläufe mit Ecken und geraden Kanten aufweisen. Großbritannien ging in diesem Wettstreit als Sieger hervor. Das British Empire befand sich auf dem Gipfel seiner Macht. Es beherrschte mehr als ein Viertel der Landmasse unseres Planeten und übte Kontrolle über etwa 20% der Weltbevölkerung aus. Königin Victoria wurde zum Testimonial dieses Imperiums.

Am 22. Januar 1901 verstarb Queen Victoria. Es ist kaum vorstellbar, wie tiefgreifend sich die Welt während ihres Lebens verändert hat. Als sie geboren wurde, waren Porträtmalereien die einzige Möglichkeit, sich bildlich darstellen zu lassen, Briefe das vorherrschende Mittel der zwischenmenschlichen Kommunikation und Pferdekutschen galten als effizienteste Form der Fortbewegung an Land. Doch während ihrer Lebensspanne wurde nicht nur die Fotografie erfunden, sondern auch die Telegrafie und Telefonie. An Land fuhren nicht nur Fahrräder, sondern sogar Automobile.

Kapitel 8

EINE NEUE ÄRA (DER REICHWEITE) BRICHT AN

Die Industrielle Revolution führte zu ungeahnten Veränderungen und Entwicklungen, die die Gesellschaft von Grund auf umgestalteten. Inmitten dieser Transformation trat die Telekommunikation auf die Bühne. Sie veränderte die Art und Weise, wie Menschen miteinander kommunizierten und Wissen austauschten. Die Möglichkeit, enorme Reichweiten zu erzielen, eröffnete völlig neue Perspektiven der Vermarktung und läutete das Zeitalter des modernen Konsums ein. In dieser Periode erlebte das Bürgertum einen kontinuierlichen Aufstieg, was zu einer Verschiebung in der sozialen Hierarchie führte. Der wachsende Wohlstand und der leichtere Zugang zu Bildung, gepaart mit einer »sich öffnenden« Welt, forderten die traditionelle Vorherrschaft des Adels heraus, bis er schließlich von einer neuen Generation bürgerlicher Influencer*innen abgelöst wurde.

DIE VERNETZUNG DER WELT

Seit dem 17. Jahrhundert existierten zwar regelmäßig erscheinende Zeitungen, jedoch in begrenzter Auflage. Diese Begrenzung beeinflusste den Preis, was auch die Leser*innenschaft einschränkte. Erst im Jahr 1814 präsentierte der deutsche Erfinder und Ingenieur Friedrich Koenig seine Dampfdruckmaschine der Öffentlichkeit. Bis dahin wurde die Handpresse für den Zeitungsdruck verwendet, die seit Gutenbergs Erfindung der beweglichen Lettern kaum weiterentwickelt worden war. Die manuelle Presse konnte höchstens 300 Exemplare pro Stunde herstellen. Im Gegensatz dazu produzierte die neue Dampfdruckmaschine etwa 1500 Exemplare pro Stunde – ein signifikanter Unterschied. Diese Neuerung revolutionierte die Zeitungsindustrie, indem sie die Möglichkeit zur kostengünstigen Massenproduktion von Zeitungen eröffnete. Ein Pionier auf dem Gebiet war Benjamin Day mit seiner Tageszeitung »The Sun«, nicht zu verwechseln mit der britischen »The Sun«, die 1964 erstmals veröffentlicht wurde. Die Zeitung, die ich meine, erschien in New York und war das erste erfolgreiche »Penny-Paper«, das für lediglich einen Penny – dem Äquivalent eines Cents – verkauft wurde. Das Hauptziel war, ein Medium zu schaffen, das für jedermann erschwinglich war und durch seine einfache Sprache sowie leicht verständliche Inhalte eine breite Zielgruppe ansprach. Im Fokus standen die Chronik, kuriose Nachrichten und True-Crime-Geschichten. Das alles bildete einen Kontrast zum herkömmlichen Zeitungsangebot jener Zeit.

Bis dato bestanden Zeitungen, die oft nur wenige Seiten umfassten, hauptsächlich aus gedrucktem Text, der sich auf politische und geschäftliche Themen konzentrierte.

1835 wurde in »The Sun« eine Reihe von sensationellen Berichten über geflügelte Kreaturen auf dem Mond veröffentlicht, die angeblich vom angesehenen Astronomen John Herschel entdeckt worden waren. Offenbar ist das Thema »Außerirdische« ein zeitloser Dauerbrenner. Die Story stellte sich rasch als unwahr heraus, zuvor hatte sie jedoch »The Sun« zu einer erheblich größeren Leser*innenschaft verholfen. Die Strategie ging auf, da hohe Verkaufszahlen notwendig waren, um Werbekund*innen anzuziehen, die ihre Anzeigen in der Zeitung schalteten. Diese Werbeanzeigen waren wiederum essenziell, um den niedrigen Verkaufspreis aufrechtzuerhalten. »The Sun« machte vor, wie dieses Geschäft funktionieren konnte. Die »New York Times« machte sich das zunutze, übertraf »The Sun« und setzte einen Meilenstein als das erste Massenmedium. Im Jahr 1851 als Penny-Paper eingeführt, lieferte sie Nachrichten in großen Mengen für ein breit gefächertes Publikum unabhängig von sozialen Schichten. Die wachsende Alphabetisierung in der Bevölkerung trug dazu bei, eine vielfältigere Leser*innenschaft zu schaffen. Umgekehrt beschleunigte das Medium Zeitung die Alphabetisierung, indem Inhalte präsentiert wurden, die insbesondere von »gewöhnlichen« Menschen gern gelesen wurden. Diese Entwicklung stieß auf Gegenwind seitens etablierter konservativer Zeitungen. Sie beschwerten sich darüber, dass die neuen Penny-Papers vulgäre Geschichten und anstößige Werbung enthielten. In der Vergangenheit waren Zeitungen selektiv in Bezug auf ihre

Anzeigenkunden und lehnten aus moralischen Gründen Anzeigen ab, die etwa mit Lotterien, Theatern oder Geschäften in Verbindung standen, welche sonntags geöffnet hatten – denn der Sonntag war traditionell dem Kirchgang vorbehalten. Im Gegensatz dazu akzeptierte die »New York Times« Anzeigen von jedermann, Hauptsache die Bezahlung stimmte. Als bedeutende Einkommensquelle nahmen Werbeanzeigen dort sogar auf den Titelseiten großen Raum ein.

Eine Neuerung war ebenfalls, dass Zeitungen nun auch für die direkte zwischenmenschliche Kommunikation genutzt wurden. Lange bevor wir unser Leben auf Social Media preisgaben, teilten Menschen ab Mitte des 19. Jahrhunderts ähnliche Details in örtlichen Zeitungen. Krankheiten, Verletzungen, Reiseberichte, Geburtstage – all das und mehr fand seinen Platz in den Gesellschaftsspalten der lokalen Blätter. In den Anzeigenspalten waren Kontaktanzeigen zu finden, aufgegeben von Personen auf der Suche nach der großen Liebe oder wahren Freundschaft. Ein separater Abschnitt war den Ankündigungen von gesellschaftlichen Ereignissen, Verlobungen, Hochzeiten, Klatsch und Tratsch über das Leben der Wohlhabenden und Berühmten gewidmet. Dank der Entwicklung neuer Drucktechniken konnten auch Fotografien in guter Qualität reproduziert werden, was sie zu einem wesentlichen Element der visuellen Berichterstattung machte. Dies veränderte die Art und Weise, wie Informationen und Personen in den Medien präsentiert wurden, nachhaltig.

Im Laufe des 19. Jahrhunderts entwickelte sich die Zeitung von einer handgemachten, lokalen Publikation zum Produkt eines lukrativen Geschäftsfeldes. Eine Erfindung fehlte noch, um daraus eine gewaltige Industrie zu formen: Die elektrische Telegrafie ab den 1830er-Jahren war ein absoluter Gamechanger. Dieses Kommunikationssystem wurde von verschiedenen Einzelpersonen unabhängig voneinander entwickelt, doch einer der bekanntesten Pioniere auf diesem Gebiet war Samuel Morse. Er wird direkt mit der Erfindung des ersten elektrischen Telegrafen und der Einführung des Morsecodes in Verbindung gebracht. Im Jahr 1858 wurde durch das transatlantische Unterseekabel, bekannt als das »Transatlantic Telegraph Cable«, erstmals die Übertragung von elektrischen Signalen über den Atlantischen Ozean realisiert. An beiden Enden des Kabels kamen Telegrafenapparate zum Einsatz, die die elektrischen Impulse in Morsecodesignale umwandelten. Dies ermöglichte eine effiziente und schnelle Kommunikation über große Entfernungen hinweg und markierte einen Wendepunkt in der globalen Vernetzung und Informationsübertragung.

Zuvor war die Übermittlung von Nachrichten vergleichsweise langsam und eingeschränkt. Zeitungen waren auf Papier und physische Postwege, Kurierdienste oder gar persönliche Reisen angewiesen, um Informationen zu empfangen und zu verbreiten. Die Kommunikation zwischen Kontinenten nahm Wochen bis Monate in Anspruch, da Briefe verschifft wurden. Mit dem Unterseekabel geschah die Nachrichtenübertragung nun binnen wenigen Minuten, beinahe in Echtzeit. Neuigkeiten und Berichte verbreiteten sich in bislang unerreichter Geschwindigkeit und gingen »viral«, da die steigende Nachfrage dazu führte, dass sie nachgedruckt und von anderen Zeitungen kopiert wurden. Etwa zwei Jahrzehnte später, im Jahr 1876, wurde das Telefon von Alexander Graham Bell patentiert. Mit dieser Innovation wurde erstmals die Echtzeitübertragung von Sprache über große Entfernungen möglich. Es ist heutzutage nur schwer nachzuvollziehen, wie sensationell dieses Ereignis in jeder Hinsicht war. Selfies waren mit diesem Telefon selbstverständlich noch nicht möglich, aber man kannte ein anderes Konzept, um Bilder mit der Welt zu teilen.

Die »Carte de Visite« (franz.: Visitenkarte) war ein Vorläufer von Snapchat und Instagram, wenn es um das Teilen von Bildern geht. Bei dieser Form der Porträtfotografie wurden in einem einzigen Vorgang acht Abzüge auf einem Blatt Papier erstellt, die zugeschnitten und auf Karton geklebt wurden. Der Preis entsprach ungefähr dem Tageslohn eines Arbeiters.

Ungeschnittene Carte de Visite – Abzug im Format 18,8 x 24,3 cm

Die Fotografie wurde durch ihre Verfügbarkeit und Erschwinglichkeit einem breiteren Publikum zugänglich. Fotografie-Studios und Fotografie-Ateliers schossen wie Pilze aus dem Boden und die Carte de Visite wurde weltweit millionenfach produziert. Die Menschen sammelten diese Miniaturfotos, tauschten sie untereinander aus und schafften einen Markt für Bilderrahmen und Fotoalben. Ab den 1880ern wurden die Cartes de Visite durch ein größeres Format, die »Carte cabinet« (franz.: Kabinettkarte), ersetzt. Per Post wurden sie wie Postkarten hin und her geschickt und zur Grundlage für Illustrationen in Zeitschriften und Anzeigen.

Der Beginn dieses Trends datiert aus dem Jahr 1859, als André Adolphe-Eugène Disdéri die erste Carte de Visite anfertigte und den französischen Kaiser Napoleon III., den Neffen von Napoleon Bonaparte, fotografierte. Kurz darauf wurden auch Aufnahmen seiner Ehefrau, Kaiserin Eugénie de Montijo, veröffentlicht. Sie war ohnehin eine Trendsetterin in vielerlei Hinsicht.

EINE KAISERLICHE KOOPERATION

Als Kaiserin trug Eugénie de Montijo natürlich luxuriöse Kleider. Das wusste auch der Engländer Charles Frederick Worth, der nach Paris zog, um seine Karriere als Modedesigner voranzutreiben. Ein entscheidender Moment ereignete sich, als Charles Worth ein Kleid für Pauline von Metternich entwarf.

Pauline von Metternich war eine Salonnière, eine Gastgeberin von Salons, die oft in Privathäusern und

Palais wohlhabender und einflussreicher Persönlichkeiten abgehalten wurden. In den meisten Fällen konnte man nur teilnehmen, wenn man eine Einladung erhalten hatte. Eine geschickte Salonnière zeichnete sich durch die Fähigkeit aus, die Gästeliste so zu gestalten, dass ein intellektueller und kultureller Austausch angeregt wurde. Salons boten Raum für Diskussionen über Literatur, Kunst, Musik, Politik und dienten als gesellschaftlicher Treffpunkt, der sowohl Adlige als auch Bürgerliche zusammenbrachte. Als Gattin des frisch ernannten österreichischen Botschafters in Paris setzte sie ihre Vermittlungsarbeit in der französischen Hauptstadt fort.

Das erwähnte Kleid war für einen bedeutenden gesellschaftlichen Anlass bestimmt: einen Ball, der vom Kaiserhof ausgerichtet wurde. Hier wurde Pauline der Kaiserin Eugénie vorgestellt. Die Damen verstanden sich auf Anhieb gut und Eugénie warf sofort ein Auge auf Paulines Outfit. Pauline von Metternich schrieb später in ihren Memoiren, die Kaiserin habe ihr elegantes und schlichtes Kleid bewundert und neugierig nach dem Designer gefragt. Umgehend arrangierte sie ein Treffen für den nächsten Tag, um Charles Worth persönlich kennenzulernen. Pauline berichtete später in ihren Memoiren, dass von diesem Moment an keine Kleider mehr zu 300 Francs verkauft wurden; so viel hatte sie gezahlt.

Charles Worth wurde offizieller Hofschneider und stattete Eugénie mit Outfits für verschiedenste Anlässe aus – von prunkvollen Hofkleidern bis hin zu aufwendiger Straßenkleidung und extravaganten Maskenkostümen. Es war unerlässlich, dass vermögende Damen bei Hofveranstaltungen niemals dasselbe Kleid trugen. Diese Anforderung bescherte Worth eine Fülle von Aufträgen und war ein Katalysator für seine Karriere.

Im Jahr 1868 gründete er seine eigene Boutique und etablierte die Marke »House of Worth«. Er wird als Vater der Haute Couture angesehen und war der Erste, der seine Kleider mit einem persönlichen Etikett versah. Was heute als selbstverständlich erscheint, war damals eine bahnbrechende Idee und legte den Grundstein für die Kennzeichnung von Designermarken.

Charles Worth führte eine Reihe von Innovationen ein, auch eine eigene Boutique hatte es bis dato nicht gegeben. An der Eingangstür seiner Boutique wurden Besucherinnen von jungen attraktiven Männern empfangen, die sie über eine prächtige Treppe mit rotem Teppich in die Ausstellungsräume führten. Jeder Raum präsentierte eine andere Art von Stoffen: In einem Raum waren nur schwarze und weiße Seidenstoffe ausgestellt, in einem anderen nur bunte und in einem weiteren Raum waren Materialien wie Samt und Plüsch zu sehen. Ein besonderer Showroom zeigte vor einer Spiegelwand die neueste Kollektion. Hier standen junge Frauen wie lebendige Schaufensterpuppen, um die Kleider anzuprobieren, die die Kundinnen sehen wollten.

Sobald die Kundin eine Auswahl getroffen hatte, ging sie in den »Salon de Lumières«. Dieser Raum war künstlich beleuchtet, um die Atmosphäre einer Abendveranstaltung zu simulieren, und ermöglichte es der Kundin zu sehen, wie das Kleid in einer solchen Umgebung wirken würde. Schließlich wurden die Maße genommen und die Kundin erhielt nach Fertigstellung ein maßgeschneidertes Kleid. Diese umfassende Dienstleistung hatte natürlich ihren Preis, etwa 2 200 Francs für eine Robe. Zum Vergleich: Ein durchschnittlicher Arbeiter verdiente rund 60 Francs im Jahr. Wir erinnern uns: Das Kleid, das Pauline getragen und das den Dominoeffekt ausgelöst hatte, hatte noch 300 Francs gekostet.

Zusätzlich führte Worth regelmäßige Modenschauen ein, um seine neuesten Kreationen vorzustellen. Diese Schauen entwickelten sich zu gesellschaftlichen Events und trugen erheblich zur Bekanntheit seiner Designs bei. Neben der High Society, zu der auch Kaiserin Elisabeth von Österreich gehörte, kleidete er beispielsweise Lillie Langtry ein, auf die ich später eingehen werde.

1869 beauftragte Kaiserin Eugénie de Montijo Worth mit der Anfertigung von über 100 Kleidern für einen ganz besonderen Anlass: die Eröffnung des Suezkanals. Die Feierlichkeiten rund um den 17. November 1869 erstreckten sich über drei Wochen und waren von zahlreichen Festen, Empfängen und Dinners begleitet. Während einer Zeit zunehmender politischer Unruhen in ihrer Heimat war der Besuch von höchster diplomatischer Bedeutung. Eugénie wollte den Glanz Frankreichs und des kaiserlichen Regimes repräsentieren. Zu diesem Zweck wollte sie für jedes Event im Rahmen der Eröffnungsfeier angemessen gekleidet sein. Die Menge an kostbaren Gewändern stellte jedoch eine logistische Herausforderung dar, da sie unbeschadet transportiert werden mussten. Die Kaiserin beauftragte Louis Vuitton, sie mit seinen Koffern für ihre Reisen auszustatten. Im

Jahre 1854 hatte Louis Vuitton sein Geschäft in Paris eröffnet, das sich auf die Herstellung exquisiter Reisekoffer und Gepäckstücke spezialisiert hatte. Seine Produkte fanden rasch Begeisterung bei Wohlhabenden und erlangten Anerkennung für ihre erstklassige Qualität, das elegante Design und das innovative Schlosssystem. Die Koffer waren sowohl wasserabweisend als auch vor Diebstahl gesichert. Es sprach sich schnell herum, dass Louis Vuitton die Kaiserin mit Reisekoffern ausgestattet hatte. Innerhalb kürzester Zeit erlangte »Louis Vuitton« internationale Anerkennung und etablierte sich als eine der bevorzugten Marken für Reisezubehör.

Die prachtvollen Roben der Kaiserin konnten das Schicksal des französischen Kaiserreichs nicht abwenden. Im Jahr 1870 brach das Kaiserreich zusammen und das kaiserliche Paar wurde ins Exil nach England verbannt. Während ihres Exils dürfte die gefallene Kaiserin sicherlich den rasanten Aufstieg einer Bürgerlichen beobachtet haben.

DIE BÜRGERLICHE INFLUENCERIN

»Professional Beautys« (engl.: Berufsschönheiten) waren die »It-Girls« der Spätviktorianischen und Edwardianischen Ära. Es handelte sich um Schauspielerinnen, Sängerinnen, Tänzerinnen, allesamt gutbürgerliche junge Frauen, die in wohlhabenden Ehen verheiratet waren und idealerweise als Mütter ihre ehelichen Pflichten erfüllt hatten. Wie der Berufstitel unmissverständlich verdeutlichte, war das Aussehen ihr wertvollstes Kapital.

Ihre Berühmtheit verdankten sie einzig und allein ihrer Schönheit. Neue Cartes de Visite, die die damaligen It-Girls zeigten und in den Schaufenstern der Fotostudios ausgestellt wurden, zogen Massen von Menschen an. Männer sammelten diese Fotos und himmelten sie an, Frauen eiferten dem Ideal nach, das sie verkörperten. Die schönste und bei weitem erfolgreichste unter ihnen war Emilie Charlotte Le Breton, die als Lillie Langtry Karriere machte.

Geboren auf der Kanalinsel Jersey im Jahr 1853, heiratete sie im Alter von 20 Jahren einen Witwer, den sie für wohlhabend hielt. Doch bald musste sie feststellen, dass sein Reichtum nicht so groß war, wie sie ursprünglich angenommen hatte. Das Eheleben beschränkte ihre Freiheit, weshalb sie sich entschied, nach London zu ziehen, um dort eine Karriere als Model zu verfolgen. Verheiratete Frauen hatten Ende des Viktorianischen Zeitalters und im anschließenden Edwardianischen Zeitalter weitaus mehr Freiheiten, als man vielleicht denken würde. Besonders wenn sie bereits Söhne zur Welt gebracht hatten, hatten sie in gewisser Weise ihre Aufgabe erfüllt und konnten ihre »verdiente Freiheit« genießen. Die konservativen Restriktionen des Privatlebens galten hauptsächlich für unverheiratete Frauen. Wenn der Ehemann damit einverstanden war, sprach etwa nichts dagegen, vor der Kamera zu posieren. Schließlich war das auch eine Möglichkeit, Geld zu verdienen. Die Fotografien dieser Zeit waren keineswegs anzüglich; während die viktorianischen Damen in hochgeschlossene und enge Kleider gehüllt waren, zeigten edwardianische Frauen freie Arme und etwas Dekolleté.

Portrait Lillie Langtry

Vor allem aber galt es, die Schönheit hervorzuheben, und Lillie Langtry war »die Schönste«. Schon bald standen Künstler Schlange, um sie zu porträtieren. Ihre wachsende Popularität führte dazu, dass sie zu Abendveranstaltungen und gesellschaftlichen Ereignissen der gehobenen Gesellschaft eingeladen wurde. Dort traf sie den Prinzen von Wales, den späteren König Eduard VII., und begann eine Affäre mit ihm, die drei Jahre anhielt. Diese Beziehung zum Thronfolger steigerte ihre Bekanntheit und brachte ihr noch mehr Bewunderung ein.

So schnell wie sie zur Berühmtheit aufgestiegen war, sah sie sich auch rasch mit einem Shitstorm konfrontiert. Lillie wurde schwanger, wusste jedoch nicht genau, von wem, da sie neben dem britischen Thronfolger auch noch eine andere Affäre hatte. Das war für ihre Fans nur schwer verdaulich. Die Zeitungen, die sie einst zum Superstar gemacht hatten, begannen eine Schmutzkampagne gegen sie. Ihr Ehemann, der zuvor recht tolerant gewesen war, konnte über ein außereheliches Kind nicht hinwegsehen und trennte sich von ihr. Er ließ sich wohlgemerkt nicht scheiden, denn das wäre zu dieser Zeit ein noch größerer Skandal gewesen. Auch Eduard distanzierte sich von Lillie und sie stand nun mittellos da. Das Kind ließ sie von ihrer Familie aufziehen, was bei außerehelichen Kindern damals üblich war. Lillie fand ihren Weg zurück ins Rampenlicht. Ihr Aussehen, der Norm damals entsprechend, machte sie zwangsläufig berühmt. Helle und blasse Porzellanhaut war lange Zeit ein dominantes Schönheitsideal. Lillie, die für ihren »elfenbeinfarbenen Teint« bekannt war, trat 1882 in einer Werbekampagne für den Seifenhersteller »Pears Soap« auf. Sie war die erste Frau, die ihr Gesicht einer kommerziellen Werbung für ein Kosmetikprodukt zur Verfügung stellte.

Ihr Aussehen passte perfekt zu den Werbebotschaften von Reinheit und Pflege, die das Produkt vermittelte.

Helle Haut wurde in diesem Kontext als Synonym für Sauberkeit betont. Eine zarte, zerbrechliche Erscheinung galt als anmutig und feminin und als Ausdruck von Eleganz. Während der Industriellen Revolution in Europa wurde blasse Haut auch als Abgrenzung von der Arbeiterklasse betrachtet. Das Konzept der Abgrenzung durch das äußere Erscheinungsbild wiederholt sich im Laufe der Geschichte, was wir in diesem Buch schon an mehreren Beispielen gesehen haben. Auch die europäische Kolonialgeschichte und die in deren Zuge behauptete Überlegenheit trugen dazu bei, dass »weiße« oder zumindest »helle« Haut als Schönheitsmerkmal angesehen wurde. Der Konsum von entsprechenden Produkten spielte eine Rolle in Identitätsbildungsprozessen und drückte Zugehörigkeit zu bestimmten Gruppen oder Trends aus. Dem Zusammenhang von Konsum, Identität und sozialer Zugehörigkeit kam schon damals eine entscheidende Bedeutung zu, und er verdeutlicht, wie stark Produkte und ihre Vermarktung sowohl das individuelle als auch das kollektive Selbstbild beeinflussen können.

Toxisches Arsen wurde aktiv beworben, um einen besonders blassen Teint zu erzielen. Zusätzlich waren Produkte wie Arsen-Lotionen und kreideähnliche Riegel, bekannt als »Arsen-Waffeln«, weit verbreitet. Als alternativer Wirkstoff wurde Ammoniak angepriesen, da es einen ähnlichen Effekt auf die Haut hat. Es wurde als Gesichtswasser verwendet und paradoxerweise sowohl zur Haarentfernung als auch zur Förderung des Haarwachstums empfohlen. Diese Zeit war voller Widersprüche, auch was das Make-up betraf. Obwohl Make-up für Frauen der »feinen« Gesellschaft verpönt war, weswegen es kaum beworben wurde, wurde es subtil und möglichst unauffällig aufgetragen, um einen »natürlichen Look« beizubehalten. Eine Creme aus Blei und Ammoniak diente als eine Art Foundation, um einen blassen Teint zu erreichen und Sommersprossen zu verstecken. Mit Lidschatten und Kajal ging man äußerst sparsam um, denn sie waren aufgrund des darin enthaltenen Quecksilbers und Bleis hochgiftig. Roter Lippenstift wurde aus zermahlenen Schildläusen hergestellt, eine Methode, die an sich uralt und nicht schädlich ist. Allerdings wurden die Läuse in Ammoniak getränkt, bevor sie auf den Lippen und Wangen der Frauen landeten. Dies verdeutlicht die drastischen und gefährlichen Maßnahmen, die Menschen in der Vergangenheit ergriffen, um so auszusehen wie die »Schönheiten« in der Werbung und in den Schaufenstern. Aber damals schon wurde eine Illusion zu erreichen versucht. Lange vor Facetune, Filtern und Co. begannen Menschen, darüber nachzudenken, wie sie ihr eigenes Erscheinungsbild auch im Medium der Fotografie verschönern könnten. Es gab verschiedene Methoden, um Fotonegative zu bearbeiten. Dunkle Hautstellen wurden aufgehellt, widerspenstige Härchen ausgelöscht und durch das Setzen von Schatten, Kontrasten und Lichtpunkten konnte man der allgemeinen Erscheinung schmeicheln. Die extrem schmalen Taillen bei Frauen, die auf vielen Fotos dieser Zeit zu sehen sind, werfen auf den ersten Blick die Frage auf: Wie konnten diese Frauen überhaupt atmen? Doch bei genauerem Hinsehen kann man die Spuren der Retusche deutlich erkennen. Die Taille wurde extrem verengt. Daraus machte man kein Geheimnis. Es gab sogar Handbücher, die genaue Anleitungen zur Retusche von Fotografien lieferten. Diese krassen Schönheitsideale waren konstruiert und mit den damals vorhandenen Mitteln praktisch unerreichbar, dennoch wurde alles unternommen, um jener Ästhetik so nahe wie möglich zu kommen.

Selbst vor Schönheitsoperationen schreckte man nicht zurück. Man könnte meinen, dass Schönheitsoperationen ein modernes Phänomen sind, aber tatsächlich reicht ihre Geschichte weit zurück. Die ersten dokumentierten plastischen Chirurgie-Eingriffe in Europa fanden bereits im 16. Jahrhundert statt. Damals gab es noch keine spezielle Berufsbezeichnung wie die des »Chirurgen«. Solche Eingriffe wurden von Barbieren durchgeführt, die wahre Allroundtalente waren. Sie konnten nicht nur Haare schneiden und Bärte rasieren, sondern auch Zähne ziehen, Aderlässe durchführen und Wunden versorgen.

Angesichts der Schmerzen und Überlebensrisiken, die zu dieser Zeit mit jeder Art von Operation verbunden waren, beschränkten sich kosmetische Eingriffe in erster Linie auf schwere Entstellungen, beispielsweise den Verlust einer Nase aufgrund von Verletzungen oder Krankheiten wie Syphilis.

Ab den 1880er-Jahren, als dank Fortschritten in der Anästhesie schmerzfreie und relativ risikoarme Eingriffe möglich wurden, gewannen kosmetische plastische Operationen an Popularität. Diese Eingriffe zielten darauf ab, vorhandene Merkmale freiwillig und ohne medizinische Indikation in ein neues gewünschtes Erscheinungsbild zu verwandeln, um den damaligen Schönheitsstandards zu entsprechen. Neben Veränderungen an den Ohren, um sie zu verkleinern oder abstehende Ohren zurückzustecken, wurden auch Operationen an der Nase, den Lippen und dem allgemeinen Gesichtsbereich durchgeführt. Die Vorgehensweisen ähnelten mitunter denen von heute, jedoch verfolgten sie andere Schönheitsideale, die sich von den heutigen teilweise stark unterscheiden. Zum Beispiel wurden Lippen nicht aufgefüllt, sondern geschmälert. Eine runde Gesichtsform galt als Ideal, da sie Wohlstand und Gesundheit suggerierte. Kohlenwasserstoffe oder Paraffin wurden mithilfe einer Nadel unter die Haut gespritzt. Das Paraffin wurde mit den Fingern in die gewünschte Form gebracht, solange es noch Körpertemperatur hatte. Am häufigsten wurden Eingriffe zur »Optimierung« durchgeführt. Nasen, die groß, breit, flach, unförmig oder höckerig waren, galten als hässlich, da sie nicht den gewünschten Merkmalen einer »weißen« Person entsprachen. Chirurgen, die solche Eingriffe in ihren Handbüchern beschrieben, bedienten sich pseudowissenschaftlicher, rassistischer Ideen, um diese Behandlungen eindrucksvoll zu rechtfertigen, was in weiterer Folge zur Verstärkung von Stereotypen, Rassentrennung und Diskriminierung beigetragen hat.

Auch die weibliche Brust wurde in einigen Kulturen und zu verschiedenen Zeiten als »Rassenmerkmal« betrachtet. Kleinere, runde Brüste wurden oft als anmutig und Ausdruck sexueller Kontrolle angesehen, während größere, hängende Brüste als »primitiv« und »unzüchtig« galten. Die letztgenannten Eigenschaften wurden mit den Personen oder Gruppen in Verbindung gebracht, die diese physischen Merkmale aufwiesen. Aus diesem Grund waren Ende des 19., Anfang des 20. Jahrhunderts Methoden zur Brustverkleinerung üblich. Allerdings nicht operativ: Durch die damalige Kleidung mit Schnürungen und Korsagen konnte man den Körper zu einem gewissen Grad »manuell« formen. Die weibliche Brust sollte man sowieso nicht sehen dürfen. Brust-, Bauch- und Hüftgurte wurden zur optischen Schmälerung angeboten. Die Häufigkeit dieser Anzeigen in populären Zeitschriften lässt darauf schließen, dass die Nachfrage nach solchen Gurten sehr hoch war. Erst in den 1950er-Jahren hatte sich das Schönheitsideal komplett geändert und kleine Brüste wurden als Makel angesehen.

UNSER GELTUNGSKONSUM

Die »Belle Époque« erstreckte sich von den 1870er-Jahren bis zum Beginn des Ersten Weltkriegs im Jahr 1914. Die Epoche zeichnete sich durch Optimismus und Tatendrang aus. Das Bürgertum wurde beflügelt von Fortschritten in sämtlichen Lebensbereichen. Der steigende Wohlstand in den Industrieländern führte zu einer wachsenden Nachfrage nach Konsumgütern, insbesondere solchen, die zuvor als Luxus galten, wie Mode, Unterhaltung, Kunst und Freizeit. Dies förderte die Entwicklung eines neuen Lebensstils und trug maßgeblich zur Veränderung des Konsumverhaltens bei.

Der US-amerikanische Ökonom und Soziologe Thorsten Veblen beschreibt das Treiben 1899 in seinem Werk »Theorie der feinen Leute« als »Geltungskonsum«. Er argumentierte, dass Menschen häufig danach strebten, ihren sozialen Status zu erhöhen, indem sie teure und prestigeträchtige Waren erwarben. Dabei orientierten sie sich an höheren sozialen Schichten und versuchten, ein Leben zu imitieren, das sie sich entweder gar nicht oder nur mit erheblichem Aufwand leisten konnten. Der Drang zur sozialen Imitation und zur Demonstration von Prestige durch Konsumverhalten konnte dazu führen, dass Menschen Dinge nicht aus einem materiellen Mangel heraus kauften, sondern um sie zur Schau zu stellen und sich damit in eine bestimmte Position in der Gesellschaft einzuordnen.

Diese Zeit des raschen Fortschritts hatte auch ihre Schattenseiten. Während die wohlhabenderen Schichten von den neuen Möglichkeiten des Massenkonsums profitierten, litten die Arbeitnehmer*innen in den Fabriken und Produktionsstätten unter prekären Arbeitsbedingungen, darunter auch viele Kinder. In den Ballungszentren wurden Umweltprobleme und Verschmutzung zu immer akuteren Problemen. Ein Preis, der bis heute gezahlt wird, um vermeintliche Bedürfnisse der breiten Masse zu befriedigen.

Die Einführung des Kinos zu Beginn des 20. Jahrhunderts und später des Fernsehens brachte einen erneuten Konsum-Kick und trug maßgeblich dazu bei, dass Prominente, Stars und Sternchen zu globalen Celebritys avancierten. Die Medien brachten sie in die Wohnzimmer der Menschen und schufen eine gewisse Nähe, die es den Zuschauer*innen ermöglichte, sich mit ihnen und dem von ihnen vermittelten Lebensstil zu identifizieren. Die Werbeindustrie, mittlerweile allgegenwärtig, entwickelte sich zu einer mächtigen Industrie. Riesige Plakate dominierten die Straßen, Radioprogramme durchfluteten die Ohren der Menschen und das Fernsehen strahlte Werbebotschaften aus. Heute sind wir so stark von zahllosen anderen Dingen abgelenkt, dass Werbemacher*innen innovative Strategien ausklügeln müssen, um unsere Aufmerksamkeit zu erregen. In jenen Tagen hätten sie es wohl bedeutend einfacher gehabt.